AUSSTRAHLUNG

Mehr Ausstrahlung, Charisma
und Attraktivität im Alltag
- Wie du unwiderstehlich wirst
und Menschen magisch anziehst

Patrick Sommer

1. Auflage

ISBN: 9781098611804

Inhaltsverzeichnis

Vorwort

Lieber Leser dieser Lektüre,

ich begrüße dich herzlich zu diesem Ratgeber, mit dem ich dein Leben ***bereichern*** und im besten Fall ***zum Positiven verändern*** möchte. Du hast dich für den Erwerb dieser Lektüre entschieden, was heißt, dass du dich für das Thema des Titels interessierst.

Ausstrahlung, Charisma, Attraktivität – wir alle sehnen uns irgendwie danach, die einen mehr, die anderen weniger. Und dennoch wird keiner bestreiten können, dass diese Dinge ***wichtig im Leben*** sind.

Irgendwie sind das oberflächliche Begriffe, die nicht über dein Leben entscheiden sollten. *Deine Familie, Freunde oder dein Ehepartner* wird dich ***nicht vorrangig*** deshalb lieben, weil du attraktiv bist, oder Charisma hast.

Doch wie du sicherlich auch weißt, sind die ***ersten Eindrücke im Leben*** häufig sehr entscheidend. Damit es also erst einmal so weit kommt, dass du deinen künftigen Ehepartner bzw. deine künftige Ehepartnerin überhaupt erst kennenlernen kannst, benötigst du einen Schuss **Attraktivität und Charisma**.

Gerade in der Arbeitswelt kann dies auch nie schaden, denn damit man zu deinem ***inneren Kern*** vorstoßen kann, der letzten Endes auch überzeugend sein soll, ist eine ***äußere Hülle*** vonnöten, die auf dich aufmerksam und dich für die Zukunft interessant macht.

Wir alle sind, wer wir nun mal sind und können unseren **Charakter** auch nicht komplett beeinflussen oder ändern. Eben jene **Äußerlichkeiten**, unser Auftreten nach außen, die Art und Weise, wie wir auf Menschen zugehen – all das ist ***nicht in Stein gemeißelt***. Daran lässt sich arbeiten, all das lässt sich trainieren.

Ausstrahlung, Charisma, Attraktivität – du wirst in dieser Lektüre erfahren, wie du diese Eigenschaften dein Eigen nennen kannst. Diese Eigenschaften, die ***unweigerlich und zweifellos wichtig für das Leben*** sind.

Nachdem dein erstes Interesse geweckt wurde, da du diese Lektüre schließlich in den Händen hältst bzw. du sie dir vor Augen führst, wirst du dich nun vielleicht fragen, **wer** dir all diese Tipps überhaupt geben will.

Möchtest du etwas über das Thema Freiheit erfahren, würdest du dich schließlich auch nicht an eine Ratte im Rattenkäfig wenden. Ich hoffe, dass ich, sinnbildlich gesprochen, keine Ratte im Rattenkäfig für dich bin, denn meiner Meinung nach habe ich ein Leben geführt und ***Erfahrungen*** gesammelt, die mich durchaus dafür ***qualifizieren***, dich auf dem Weg zur **Persönlichkeitsentwicklung** zu unterstützen.

Ich bin natürlich nicht perfekt und auch ich lerne täglich dazu, wenn es um die **Entwicklung der eigenen Persönlichkeit** geht. Denn Perfektion ist schlicht unmöglich, da wir alle menschlich und dadurch nicht perfekt sind. Perfektion ist ein ***Ideal***, doch diesem Ideal hinterher zu eifern kann ***Spaß und Freude*** bereiten.

Ich, ***Patrick Sommer***, bin 35 Jahre alt und beschäftige mich praktisch schon mein ganzes "erwachsenes" Leben mit dem Thema **Persönlichkeitsentwicklung**, eben gerade in Bezug auf Begriffe wie **Attraktivität, Ausstrahlung und Charisma**.

Wie du dir vorstellen kannst, liegt das unter anderem daran, dass mir diese Eigenschaften früher auch fehlten. *Jedenfalls glaubte ich das*. Ich hatte das Gefühl, ich würde auf die Menschen meiner Umgebung stets ***unattraktiv*** wirken und hätte einfach nicht das Potenzial, um auf andere Menschen auszustrahlen, um überhaupt ***etwas auszustrahlen***.

Ich vermisste das ***Positive in meinem Leben***. Ich vermisste die ***Perspektive*** in meinem Leben, mich selbst zu ***verwirklichen***.

Doch glücklicherweise hatte ich das **Bewusstsein** und die **Einstellung**, daran etwas ***ändern zu wollen***. Ich beharrte nämlich nicht auf diesem *Status quo*, sondern fragte mich, wie ich an dieser Situation etwas ändern konnte.

Im Nachhinein erfuhr ich, dass es nicht an mir als Person lag, dass ich *wenig Ausstrahlung* nach außen zeigen konnte und *geringe Resonanz* erhielt, es lag an **meinem Denken** und an **meiner Meinung über mich selbst.**

Doch der Wille, etwas verändern zu wollen, etwas über das Thema ***Persönlichkeitsentwicklung*** erfahren zu wollen, war schließlich der entscheidende Keim, der mir nach und nach letzten Endes zur Blüte verhalf.

Dieser Keim sprießt offenbar auch in dir, denn sonst hättest du dich nicht für diese Lektüre entschieden. Ich kann dich also bereits *beglückwünschen*, denn den **ersten Schritt zur Entwicklung deiner Persönlichkeit** bist du damit bereits gegangen.

Viele Menschen ärgern sich über ihre Außenwirkung, sind mit ihrer Persönlichkeit unzufrieden und damit letztlich auch mit ihrem Leben. Doch sie haben nicht den ***Mut*** oder die ***Kraft***, etwas daran ändern zu wollen. Sie glauben, es schlichtweg nicht zu können.

Dabei liegt die Gelegenheit, sich zum Positiven zu ändern, in jedem von uns. Doch der Mut und der Glaube daran sind zu Beginn **unerlässlich**.

Und so war ich einst ein *unsicherer und mutloser Bursche*, der immerhin genug Mut hatte, um etwas an seiner Situation ändern zu wollen bzw. um sich wenigstens mit ***Literatur*** zu beschäftigen, die etwas in ihm auslösen konnte.

Das tat sie in der Tat und heute, einige Jahre später, bin ich **Coach für Persönlichkeitsentwicklung** und helfe Menschen wie dem jungen Patrick Sommer, die irgendwie merken, dass in ihnen ***mehr Potenzial*** schlummert, die aber nicht wissen, wie sie dieses Potenzial zeigen und veräußern können.

Hätte man mir vor 20 Jahren gesagt, dass ich diesen Weg einmal einschlagen würde, ich hätte es sehr wahrscheinlich nicht geglaubt. Was also vonnöten ist, ist ein kleiner und ehrlicher Funken ***Hoffnung und Mut***.

Was das bewirken kann, was daraus entspringt, kann selbst für dich eine Überraschung sein. Denn jeder Mensch hat die Möglichkeit, ***über sich hinauszuwachsen*** und Dinge zu tun, von denen er selbst nie geglaubt hätte, dass er sie beherrscht.

Es wäre mir eine Ehre, dich auf diesem *langen und steinigen Weg* zu unterstützen. Das Lesen dieser Lektüre kann dich auf dem Weg zur **charismatischen Persönlichkeit** unterstützen, wertvolle ***Anregun-***

gen liefern und ***Erfahrungen*** übermitteln. Patentrezepte zu Attraktivität oder Ausstrahlung gibt es aber nicht.

Letztlich ist diese Lektüre der ***Versuch einer inspirierenden Quelle***. Der Funke muss letztlich aber auf dich überspringen und am Ende des Tages sollst *du selbst* die Veränderung sein, die du dir für diese Welt oder für dieses Leben wünschst.

So wie ich deine ***Inspirationsquelle*** sein möchte, so wurde ich selbst natürlich von zahlreichen Autoren und Motivationskünstlern inspiriert. Hervorheben möchte ich an dieser Stelle **Dale Carnegie**, der mich auf meinem Weg besonders beeinflusst und beeindruckt hat.

Carnegie starb im Jahr 1955 im Alter von 66 Jahren. Der US-amerikanische Autor beschäftigte sich vor allem mit den Themen öffentliches Vortragen, zwischenmenschliche Fähigkeiten, aber vor allem damit, wie sich die eigene Persönlichkeit ändern und verbessern lässt.

Wie lässt sich das Verhältnis zu anderen Menschen managen? Wie sorgt man dafür, dass man von anderen Menschen gemocht wird? Wie nehmen Menschen die eigenen Denkweisen an? Was macht einen guten Anführer aus?

Diese Fragen wurden von **Carnegie** unter anderem literarisch verarbeitet. Besonders hervorheben möchte ich sein beliebtes Werk "***Wie man Freunde gewinnt – die Kunst, beliebt und einflussreich zu werden***".

Wie gewinnt man Freude? Wie gelangt man über neue Wege zu seinem Ziel? Wie wird man beliebt? Wie erlangt man mehr Ansehen, wird erfolgreicher im Beruf? Wie geht man Streit aus dem Weg? Wie wird man zu einem guten Redner? Wie motiviert man andere Menschen? Wie erkennt man den Charakter von anderen?

Diese Fragen wurden in diesem Bestseller-Werk von Carnegie unter anderem beantwortet.

Du siehst also schon, wieso er in dieser Hinsicht auch für mich ein **Vorbild** darstellte. Nicht wenige seiner **Ansichten** sind für mich selbst ***sehr relevant*** geworden und spielen damit auch in diesem Werk eine Rolle.

Nun genug der einleitenden Worte – du hast etwas über mein Leben erfahren und weißt daher, dass ich nicht als **Experte für Persönlichkeitsentwicklung** geboren wurde. Ich habe gelernt und viele Erfahrungen gesammelt, um als solcher gelten und vielen Menschen helfen zu dürfen.

Ich hoffe, dir durch diese Lektüre die eine oder andere ***Anregung*** mitgeben zu können, und bin sehr gespannt, welche Persönlichkeiten sich auch durch diesen inspirierenden Ratgeber formen lassen.

Denn letzten Endes hast du es in der Hand, was du aus deinem Leben machen möchtest. ***Die Grenzen setzt du dir dabei nur selbst***. Du kannst alles werden, solange du realistisch bist, dennoch auch träumst und an die ***Schönheit deiner Träume*** glaubst. Unter anderem auch diese Devise sollen dir die folgenden Seiten meines Ratgebers vermitteln.

Viel Spaß beim Lesen und viel Erfolg auf deiner ganz eigenen, individuellen Reise!

Herzlichst,

Patrick Sommer

Einleitung

Bevor ich dir anhand einiger ***Tipps und Tricks*** aufzeigen möchte, wie du dafür sorgen kannst, dass du an **Attraktivität, Charisma und Ausstrahlung** zunimmst, möchte ich die Einleitung dafür nutzen, um diese Begriffe noch etwas genauer zu umschreiben.

Denn die Essenz dieser Begriffe ist die, dass sich eben jene Begriffe ***nicht ganz so einfach und präzise definieren*** lassen. Es handelt sich schließlich nicht um Fachbegriffe, wie "Treibhauseffekt". Einst wurde definiert, was ein Treibhauseffekt ist und so können Geologen genau erklären, worum es sich dabei handelt.

Doch bei Begrifflichkeiten wie **Ausstrahlung, Attraktivität und Charisma** sieht das anders aus. Es handelt sich um ***äußerst subjektive*** Begriffe, die wir alle aus unserem Sprachgebrauch kennen, mit denen wir bestens vertraut sind und die wir auch immer wieder hören.

Und dennoch definiert jeder Mensch diese Worte komplett unterschiedlich. ***Was für den einen attraktiv sein mag, ist für den anderen komplett unattraktiv.*** Wer als charismatische Person gilt, wird nicht von allen Menschen als charismatisch angesehen werden.

Einige Neider werden sogar trotzen und jemanden eben gerade nicht als charismatisch ansehen wollen, weil er als charismatisch gilt. Jedem kann man also nie gerecht werden und darum soll es in dieser Lektüre auch nicht gehen.

Vielmehr ist es das Ziel, dafür zu sorgen, dass du dir selbst deiner inneren und äußeren Attraktivität, deinem Charisma und deiner Ausstrahlung ***bewusst*** wirst.

Hast du dies erst einmal erreicht, kannst du daran arbeiten, diese Fähigkeiten und Eigenschaften an und in dir noch ***auszubauen*** und sie so ***zu fördern***, dass du umso charismatischer wirst.

Strahlst du diese **positiven Eigenschaften** für dich selbst aus, wirst du sie auch automatisch auf andere in deiner Umgebung ausstrahlen. Die *Anerkennung und Würdigung* von außen kommt dann automatisch. Du bist nicht von dieser Außenwirkung abhängig, denn schließlich geht es hierbei darum, dein eigenes ***Selbstbewusstsein zu stärken***.

Hast du also vor, dieses Buch nur deshalb zu lesen, um von anderen bewundert zu werden, dann kann ich dir bereits mitteilen, dass dies so nicht gelingen wird. Wer stets darauf fixiert ist, **anderen zu gefallen**, der kann irgendwann Erfolg damit haben. *Er hat gelernt, was andere gern von einem selbst sehen und hören wollen.*

Das ist die perfekte ***Anpassung an die Umwelt und an Erwartungen anderer***. Doch das ist meiner Meinung nach nicht das, was Charisma und echte Ausstrahlung bedeuten und ausmachen.

Für mich geht es dabei darum, im ***Einklang mit sich selbst*** zu sein und seine eigene ganz ***individuelle Persönlichkeit*** so auszuleben, dass man auf dieser Welt durch sein Denken und Handeln einen

Unterschied ausmachen kann.

Es geht darum, dass du für etwas stehst, für eigene **Interessen**, **Meinungen**, für deine eigenen **Wertvorstellungen** und **Glaubenssätze**.

Diese Vorstellung, der Chef deiner eigenen besonderen ***Ich-AG*** zu sein, wird dafür sorgen, dass du zu einer schillernden Person werden kannst, ohne als Chef dieser Ich-AG andere Menschen zu *diffamieren* oder *ignorieren* zu müssen.

Der erste Schritt sieht es also vor, an der **Vorstellung deines Selbst** zu arbeiten. Die *Reaktion und Bewunderung* von außen wird dann von ganz allein kommen, zumal es dir gar nicht mehr so darauf ankommen wird.

Spürst du erst mal eine ***Verbundenheit und Liebe zu dir selbst***, bist du nämlich automatisch in der Lage, dich mit Menschen zu umgeben, die dich *persönlich weiterbringen* und mit denen du dich *identifizieren* kannst.

Was bringt es, tausende Bewunderer zu haben, wenn man diese Menschen selbst nicht bewundert oder als Vorbild sieht? Das ist also meine Auffassung dieses Weges zur eigenen **Suche nach Charisma und Ausstrahlung**, es ist letztlich auch ein ***Weg zu sich selbst***.

Definitionen

Charisma

"Offiziell" stammt das Wort **Charisma** vom Griechischen "***chárisma***" und bedeutet so viel wie "***Gnadengabe***", "***aus Wohlwollen gespendete Gabe***".

In der *christlichen Tradition*, beispielsweise in der Tradition des Neuen Testaments geht es also um etwas ***von Gott dem Menschen Geschenktes***, zumal das Wohlwollen als ***Motivation*** der Gottesgabe betont und herausgestellt wird.

Charisma ist ursprünglich also ein durchaus ***christlicher Begriff***. In der Religionswissenschaft versteht man darunter die *Begabung oder die Fähigkeit zum Empfang von Offenbarungen, Inspirationen oder Erleuchtungen.* Andererseits geht es um die Schaffung einer anerkannten *Autorität*, für die Charisma benötigt wird.

In der heutigen Zeit stößt man in verschiedenen Situationen und Bereichen auf den Begriff Charisma. Im **Management** hat man beispielsweise die Chance, Charisma zu entwickeln, indem man sich zu einer ***anerkannten Führungsperson*** entwickelt. Hier wird Charisma also mit ***Führungskompetenz*** assoziiert.

In der **Soziologie** kennt man drei ***Formen der Herrschaft***. Hier stellt das Charisma eine dieser drei Formen dar. Hierbei wird Charisma als "***gewinnende Ausstrahlung***" eines Menschen verstanden.

Der Begriff des Charismas geht im Übrigen in der deutschen Sprache bis in das 18. Jahrhundert zurück. Im christlichen Kontext stand der Begriff für die *Begabung eines Christen*. Seit dem 20. Jahrhundert wird der Begriff im Kontext einer "***besonderen Ausstrahlung***" verwendet.

Die **Wirtschaftspsychologie** setzt Charisma wiederum in einen Kontext, der wiederum mit den ***Qualitäten*** einer kompetenten Führungsperson erklärt werden kann. Demnach gebe es Ähnlichkeiten zwischen den Begriffen Charisma und *Narzissmus.*

Laut dem britischen Psychologen *Richard Wiseman* würden charismatische Personen dabei grundsätzlich über drei ***grundlegende Eigenschaften*** verfügen:

Charismatische Personen empfinden ***Emotionen*** *sehr stark.*

Charismatische Personen seien dazu in der Lage, solche starken **Emotionen** *und Gefühle auch in anderen Menschen erleben zu lassen und zu* ***erwecken****.*

Charismatische Personen sind **resistent** *gegenüber den Einflüssen anderer charismatischer Personen.*

In einer *empirischen Studie* aus dem Jahr 1987 wurde der Begriff anhand konkreter **Verhaltensbeschreibungen** messbar gemacht. Dafür verantwortlich waren *J. A. Conger und R. N. Kanungo*. Sie setzten den Begriff **Charisma bzw. Charismatiker** wiederum in Zusammenhang mit ***Führungskräften***.

Diese würden eben dann als **charismatisch** wahrgenommen werden, wenn sie exemplarisch die folgenden fünf Punkte in sich vereinigen:

*Sie vermitteln eine attraktive und überzeugende **Vision**.*

*Sie nehmen ihre **Vorbildfunktion** wahr.*

*Sie fordern ihre Mitarbeiter heraus und **inspirieren** sie zu besonderen Leistungen.*

*Sie entwickeln die persönlichen **Stärken und Fähigkeiten** ihrer Mitarbeiter weiter.*

*Sie regen ihre Mitarbeiter zu eigenständigen und kreativen **Problemlösungen** an.*

Eine weitere Operationalisierung wurde von *Bernard M. Bass* und Bruce *Avolio* vorgenommen. Ihr Konzept ist das Konzept der **Transformationalen Führung**. In diesem Zuge wurden charismatischen Führungskompetenzen wiederum konkrete ***Verhaltenszüge*** zugeschrieben.

*Demnach lebe charismatische Führung von der **Identifikation** der Mitarbeiter mit eben jener charismatischen Person.*

*Eine charismatische Führung wirke sich zudem positiv auf die **Gruppenleistung** und auf die Wahrnehmung dieser Leistung aus.*

*Diese Führung erzeuge des Weiteren eine **intellektuelle Stimulierung** durch die positiven Gefühle.*

*Durch charismatische Führung werde das Gruppengefühl, die **Gruppendynamik** letzten Endes gestärkt, was dazu führe, dass die Gruppe in Krisensituationen besser zusammenhalte.*

Der Begriff des **Charismas** kann in diesem Werk mit dem Begriff der **Ausstrahlung** *gleichgesetzt* werden, auch wenn im alltäglichen Gebrauch durchaus Unterschiede zwischen beiden Begriffen bestehen. Schließlich meint man vielleicht nicht immer unbedingt, dass jemand charismatisch sei, wenn er gleichzeitig über eine ***positive Ausstrahlung*** verfüge.

Definieren lässt sich in diesem Zusammenhang jedoch noch der Begriff der Attraktivität.

Attraktivität

Der Begriff **Attraktivität** stammt aus dem Lateinischen und ist dabei mit dem lateinischen Verb „***attrahere***“ (dt. an sich ziehen, anziehen) verknüpft. Attraktivität kann damit mit ***Anziehungskraft*** übersetzt werden.

Auf Menschen bezogen bedeutet dies beispielsweise, dass eine Person durch ihre ***äußeren Eigenschaften*** anziehend wirkt.

Neben Schönheit kann eine Person aber natürlich auch durch ***innere Eigenschaften*** (Charakter, Geist, Charisma, soziale Stellung) anziehend wirken.

Attraktivität ist natürlich nie objektiv, wird also ***subjektiv*** von jedem anders bewertet und wahrgenommen. Sie hängt also von den ***externen Erwartungen*** ab und ist zudem einem ***gesellschaftlichen Wandel*** unterworfen, schließlich wird unsere Vorstellung von Attraktivität von verschiedenen Faktoren bestimmt und auch verändert.

Attraktivität ist deshalb so wichtig und entscheidend, weil attraktive Menschen von denen, die sie als attraktiv empfinden, für ***erfolgreicher*** und ***kompetenter*** gehalten werden. Diese Tatsache beruht auf dem sogenannten **Halo-Effekt**.

Dieser **Halo-Effekt** (Halo, englisch für ***Heiligenschein***), beschreibt die Tatsache, dass wir Personen oftmals nach *einer dominanten Charaktereigenschaft* bewerten.

Sehen wir beispielsweise eine attraktive

Person, halten wir diese zugleich für erfolgreich und kompetent, unabhängig davon, welche Eindrücke wir vielleicht noch von dieser Person gewinnen mögen. Diese ***erste dominante Eigenschaft überstrahlt die anderen*** und sorgt daher sinnbildlich für den *Heiligenschein.*

Selbst *Säuglinge* widmen attraktiven Gesichtern mehr Aufmerksamkeit und auch *Erwachsene* verbinden mit attraktiven Gesichtern ***positive Eigenschaften***.

In der Praxis sind Menschen mit ***hohen Wangenknochen*** oftmals besonders attraktiv. Besonders attraktiv wirken beispielsweise aber auch ***lächelnde Menschen***.

Attraktivität wird im Alltag von verschiedenen **Faktoren** beeinflusst und bestimmt. In diesem Zusammenhang sind ***hormonelle Einflüsse***, ***Emotionen, Sozialisation und Sexualität*** zu nennen.

Heterosexuelle Frauen sind nach den Ergebnissen einer Studie bei ihrer Einschätzung von Attraktivität beispielsweise ***von ihrem Zyklus beeinflussbar***. Befinden sie sich nahe ihrem Eisprung, bevorzugen sie *maskuline Gesichter mit ausgeprägtem Kinn*. Je entfernter der Eisprung ist, desto attraktiver reagieren sie auf *feminine Gesichter*.

Menschen, die wir ***lieben***, empfinden wir außerdem als attraktiver, was beweist, welche Rolle **Emotionen und Emotionalisierung** für die Attraktivität spielen.

Die **Sozialisation** spielt insofern eine Rolle, als dass Menschen unterbewusst ***vergleichen***. Eindrücke werden also immer im Vergleich und im Zusammenhang mit anderen Eindrücken bewertet.

Männern wurden einst Bilder von *sehr at-*

traktiven Frauen gezeigt. Die Folge: Sie bewerteten ihre Frauen letzten Endes als ***unattraktiver***, was am Vergleich liegt.

Zu guter Letzt ist die **sexuelle Attraktivität** zu nennen, die ein besonderer und wichtiger Unterpunkt der Attraktivität darstellt.

Zwischenfazit

Hiermit solltet ihr einen besseren Eindruck davon erlangt haben, was allgemeingültig zu den Begriffen **Charisma und Attraktivität** bekannt ist.

Im folgenden Hauptteil werdet ihr diverse **Tipps** erhalten, wie ihr eure ***Attraktivität nach innen steigern*** könnt. Denn schließlich ist es am wichtigsten, dass ihr euch nach innen eurer eigenen Schönheit bewusst werdet, was aber nicht heißt, dass wir die äußere Schönheit ignorieren wollen, denn auch sie spielt für einen **positiven ersten Eindruck** natürlich eine wichtige Rolle.

Ihr werdet **Tipps und Tricks** erhalten, die das steigern werden, was ***insgeheim als attraktiv wahrgenommen*** wird.

Wie bereits beschrieben wurde, muss das nicht bedeuten, dass euch *jeder Mensch* daraufhin als attraktiv wahrnehmen wird, solltet ihr die Tipps beherzigt haben, denn schließlich definiert jeder Mensch diesen Begriff anders. Dennoch gibt es einige **allgemeingültige Tipps**.

Wenn es um Tricks und Tipps zum Thema Charisma geht, könnt ihr euch im Zusammenhang mit der Definition des Wortes an die obige Definition im Kontext mit ***charismatischen Führungspersönlichkeiten*** halten.

Am eigenen Charisma zu arbeiten ist auf jeden Fall eine ***sinnvolle Angelegenheit***, denn hier handelt es sich auf jeden Fall um etwas, das innere Eigenschaften und allgemein das **Innenleben eines Menschen** anbetrifft und verändert. Charisma ist also nicht wirklich oberflächlich, weshalb es sinnvoll und nützlich für dich sein wird, am Charisma zu arbeiten.

Wie du ebenfalls bereits erfahren hast, sind attraktive Menschen oftmals charismatisch, weshalb du mit einem ***erfolgreich*** bestrittenen Weg zu mehr Charisma gleich zwei Fliegen mit einer Klappe schlagen wirst, da du mit **mehr Charisma** auch **automatisch attraktiver** werden wirst.

Soviel zu den *definitorischen Belangen.* Nun viel Spaß mit dem Hauptteil!

Mehr Charisma: 9 simple Tipps

Charisma lässt sich nicht von heute auf morgen erlernen und letztlich geht es auch darum, eine ***innere Bewegung*** zu verursachen, da Charisma etwas ist, dass aus dem Inneren entsteht.

Für den Anfang möchte ich dir jedoch einige **Tipps** mit auf deinen Weg geben, die sich mitunter auch relativ ***schnell realisieren*** lassen.

Diese Tipps zu mehr Charisma bzw. Tipps, die dir bei der ***Entfaltung deines Potenzials*** helfen, kannst du *in sämtlichen Lebenslagen* anwenden, egal, ob du eine Person aus der Berufswelt überzeugen möchtest, oder aber eine Geliebte finden bzw. sie zunächst einmal anziehen möchtest.

Tipp 1: Geschmackssache

Es ist bereits in der Einleitung angeklungen und doch sollte es hier als erster Tipp nochmals erwähnt werden. Charisma ist eine **Geschmackssache**. Ein charismatischer Mensch wird *nicht automatisch von allen Menschen* als charismatisch angesehen oder bewertet.

Gerade wenn es um ***Liebe oder Verliebtsein*** geht, wird man selbst von anderen vielleicht überhaupt nicht derartig eingeschätzt. Trifft man dann jedoch ***diese eine, ganz besondere Person***, in die man sich verliebt oder die sich in dich verliebt, dann wird Charisma womöglich offenkundig.

„Sie hat etwas, sie hat etwas ganz Bestimmtes, das gewisse Etwas“, wirst du dann vielleicht über sie denken. Mit etwas Glück denkt sie das dann auch über dich. Und schon habt ihr beide jemanden gefunden, den ihr als ***charismatisch*** einschätzen würdet.

Im Prinzip kann es auch schon ausreichen, ***„nur“*** eine charismatische Person zu finden, denn mit dieser Person ließe sich das Leben umso mehr *genießen*. Dieses Beispiel zeigt, wie ***subjektiv und abhängig von der individuellen Perspek-***

tive Charisma sein kann.

Dennoch wirst du durch die folgenden Tipps etwas mehr über das Charisma lernen und schließlich auch darüber, wie du charismatischer sein und andere Menschen eher ***anziehen*** kannst. Nicht nur für ausgewählte Personen, sondern generell, vor allem ***für dich selbst***.

Tipp 2: Der erste Eindruck ist nicht immer entscheidend

Sicherlich hast du schon einmal etwas von der **Magie des ersten Eindrucks** gehört. Der erste Eindruck kann tatsächlich sehr wichtig sein, um Menschen sofort von sich zu überzeugen.

Menschen bilden sich ***unterbewusst*** schnell ihr Urteil, meistens schon dann, bevor diese Person überhaupt ein Wort gesprochen hat. Insofern wirst du von der ***Relevanz des ersten Eindrucks*** auch noch etwas hören.

Trotzdem kann ich dich beruhigen: Gerade, wenn es darum geht, jemanden von dir zu überzeugen, wenn es also um den **Be-**

ginn einer Partnerschaft geht, hast du dennoch Zeit, um einen Menschen von dir zu überzeugen.

Wenn der erste Eindruck von dir positiv war, umso besser. Konntest du auf den ersten Metern allerdings nicht überzeugen, ist noch nichts für immer verloren.

Charisma ist nicht unbedingt nur oberflächlich. Charisma ist etwas, das ***schwer zu beschreiben*** ist, weil es etwas sein kann, dass tief in dir ist, was du womöglich nicht einmal selbst von dir *weißt*, *erkennst* oder *aktiv steuern* kannst.

Es könnte jedoch sein, dass du etwas **Zeit** brauchst, um diese spezielle Seite von dir zu zeigen, denn nicht jeder offenbart in einem ersten Date alles. Daher solltest du dir selbst und anderen Menschen die Zeit einräumen, *dich kennenzulernen bzw. auch sie kennenzulernen.*

Schließlich wäre es möglich, dass du jemanden triffst, ihr euch gut versteht, aber die „***Funken***“ irgendwie nicht sprühen. Nach einer gewissen Zeit seht ihr euch vielleicht wieder und dieser Funken ist plötzlich vorhanden.

So ***unbeschreiblich und unberechenbar*** das Charisma sein kann, so sind es auch die Momente und besonderen Augenblicke des Lebens. Einen ersten Eindruck, einen Moment von womöglich tausenden, sollte man daher *nicht überschätzen.*

Tipp 3: Verletzlich und verwundbar

Mensch zu sein bedeutet verletzlich und verwundbar zu sein. So sehr du dich manchmal nach einem **perfektionistischen Ideal** sehnst, sprich, selbst perfektionistisch sein willst, solltest du bereits wissen, dass du ***niemals perfekt*** sein wirst.

Niemals perfekter, als du es ohnehin schon bist, denn die **Perfektion** der Menschen liegt vielleicht gerade in ihrer **Imperfektion**.

Wenn es für dich darum geht, Charisma zu haben, um in der **Frauenwelt** punkten zu können, dann lass dir gesagt sein, dass du sicherlich nicht überzeugen kannst, wenn du einen ***perfekten und makellosen Eindruck*** hinterlässt.

Menschen können vieles in anderen Menschen sympathisch oder unsympathisch finden, doch **perfekte Menschen mag im Prinzip keiner**. Unter anderem auch deshalb, weil sie diese Perfektion meistens auch nur *vorspielen*, denn perfekte Menschen gibt es wie gesagt nicht.

James Bond ist beispielsweise ein berühmtes **Ideal** aus der Fernsehwelt. Doch würde James Bond auch im realen Leben gut bei Frauen ankommen? Vermutlich nicht, weil er sich ***niemals verwundbar*** macht oder von einer ***verletzlichen*** Seite zeigt.

Du stotterst? Dann schäme dich nicht dafür und stehe für deine **vermeintliche Schwäche** ein. *Du bist tollpatschig oder verpeilt?* Dann versuche nicht verkrampft, etwas daran zu ändern, denn gerade das wird vermutlich dafür sorgen, dass du umso tollpatschiger wirst.

Diese Eigenschaften machen dich nur ***ver-***

letzlicher und ***menschlicher***. Eine Frau mit gesundem Verstand wird dich dafür sicher eher lieben, statt dich zu hassen, denn sich selbst seiner **eigenen Schwächen** bewusst zu sein und zu ihnen stehen zu können, ist eine sehr *lobenswerte Eigenschaft*.

Es mag paradox klingen, doch **stark** zu sein, kann auch bedeuten, sich ***eigene Schwäche einzugestehen*** und zu erlauben. Wenn du also so bist, wie du bist und deine vermeintlichen Schwächen nicht verbirgst, dann kann es gut sein, dass du bald *ein Lächeln* im Gesicht einer Frau sehen wirst, weil sie dich *eben gerade trotz oder aufgrund* deiner Schwächen sympathisch findet. Dann weißt du, dass du einen **charismatischen Eindruck** hinterlassen hast.

Mensch zu sein und sich diese **Selbstverständlichkeit** zu erlauben sollte für dein Leben unerlässlich sein. Nicht nur, wenn es darum geht, Frauen von dir zu überzeugen.

Tipp 4: Charisma ist Ausdruck deines Lebens

Charisma ist nichts, was du eben einfach so erlernen kannst. Du kannst es erlernen, doch ***nicht von heute auf morgen*** und auch nicht „*direkt*".

Charisma ist nämlich nicht unbedingt etwas Direktes, es ist unter anderem die Art und Weise, *wie du durch dein Leben gehst.* Charisma ist der **Spiegel deiner Seele** und auch nur eine andere Art, dein ***Selbstvertrauen und Selbstbewusstsein*** auszudrücken.

Daher stehen **charismatische Menschen** häufig mit den folgenden Eigenschaften in einem Zusammenhang: ***positives Denken***, ein ***positives Ich-Gefühl*** und die Auffassung, sich selbst für einen ***wertvollen Menschen*** zu halten, ***langsame Bewegungen*** und eine ***langsame und deutliche Sprache***, sowie die Fähigkeit, sich in jeder Umgebung ***wohlfühlen*** zu können.

Männer und Frauen, welche diese Eigenschaften nicht besitzen, die also kein gutes Selbstvertrauen haben, haben es zugleich *schwer, charismatisch sein zu können.* Um diese **Minderwertigkeitskomplexe** zu überwinden, bedienen sie sich oft einer sogenannten ***Überkompensation***.

Befinden sie sich beispielsweise in einem Klub, ***überspielen*** sie diese Schwäche, indem sie sich permanent *nach Frauen umsehen*, übermäßig viel *Alkohol* trinken, *zu schnell antworten* oder indem sie sich beispielsweise *nach vorn lehnen*, wenn sie mit Frauen sprechen.

Menschen, die also unbedingt den Eindruck vermitteln wollen, sie seien charismatisch und etwas Besonderes, werden durch dieses **kompensatorische Verhalten** das genaue ***Gegenteil*** erreichen.

Sich lang und groß zu machen, deutliche und klare Bewegungen und Sprache, eine selbstbewusste äußere Haltung – diese Dinge kann man erlernen, doch es wird seine **Zeit** in Anspruch nehmen.

Erfolg ist bekanntlich eine ***Frage der Haltung*** und nicht selten ist diese *innere*

Haltung sehr eng mit deiner *äußeren Haltung* verknüpft. Dies solltest du nie vergessen.

Tipp 5: Wert geben statt nehmen

Menschen, die zu sehr ***mit sich selbst beschäftigt*** sind, ständig ***schlechte Laune*** haben und dauernd etwas von anderen Menschen ***erwarten***, *nehmen* eher von anderen Menschen, statt etwas zu *geben.*

Was **charismatische und selbstbewusste Menschen** aber auszeichnet, ist die Fähigkeit, ***Werte zu geben***. Du kannst anderen etwas geben, indem du dir überlegst, ***was du gut kannst***, was du vielleicht besser kannst, als es andere können.

Was kannst du tun, um anderen Menschen zu helfen? Wie kannst du das Leben von anderen positiv beeinflussen? Hast du diese Fragen für dich erst einmal ***positiv*** beantwortet, könntest du damit beginnen, dieses Vorhaben auch wirklich zu leben.

Dein Freund leidet an Liebeskummer? Statt egoistisch zu sein, Schadenfreude zu empfinden oder sich zurückzuziehen, weil du genervt bist, könntest du stattdessen derjenige sein, der sich mit ihm trifft und ihn aufheitert.

Einer deiner Freunde organisiert einen Umzug? Sei derjenige, der bei diesem Umzug behilflich ist.

Menschen wollen per Anhalter mitgenommen werden? Hilf du ihnen, wenn du die Möglichkeit hast!

Eine Kollegin hat sich gut gekleidet? Sei derjenige, der ihr ein ehrliches Kompliment bereitet, wenn es angebracht ist.

Es geht hierbei nicht darum, sich bei anderen Menschen *einzuschleimen oder zu lügen.* Indem du anderen Menschen auf eine **ehrliche Art und Weise** eine Freude bereitest, wird dies dein Leben ebenso ***bereichern***. Denn wer andere Menschen glücklich macht, wird dadurch auch glücklich.

Indem du anderen Menschen **etwas gibst**, wirst du in deren Augen ***automatisch charismatischer***. Es sind die kleinen

Dinge und Gesten in unserem Leben, die eine große Wirkung haben und erzielen können.

Das ist womöglich mit dem **Karma-Prinzip** verwandt: Ein kleiner Schmetterlingsschlag auf der einen Seite des Globus hat womöglich Auswirkungen auf die Meeresbewegungen auf der anderen Seite, so das theoretische Konzept des ***Schmetterlingseffektes***.

Deine **Handlungen und Taten** haben immer direkte ***Auswirkungen***, welche sich wiederum auf andere Dinge auswirken.

Tipp 6: Nett? Ehrlich!

Eben habe ich dir bereits erklärt, dass es nicht darum geht, zu *heucheln* oder sich gar bei anderen Menschen *einzuschleimen.*

Dieses Verhalten kann auf vieles hindeuten, aber sicherlich nicht auf Charisma.

Nettigkeit ist eine *wichtige oberflächliche Eigenschaft*, es ist eine Art ***Lebenseinstellung***. Sobald du mit anderen Menschen in Kontakt kommst, ist es wichtig, ***nett und höflich*** zu sein. Nettigkeit ist so gesehen der Vermittler deiner ersten Visitenkarte und verschafft einen ***ersten positiven Gesamteindruck***.

Kennst du Menschen allerdings besser, möchtest du bei ihnen punkten, liebst du sie womöglich, wirst du mit **Nettigkeit** auf Dauer nicht weit kommen. Bist du zu anderen Menschen nett, wirst du dafür sorgen, dass du ***von ihnen gemocht*** wirst.

Doch **Respekt und Liebe** entsteht erst durch etwas, das sehr tiefgründig ist: **Ehrlichkeit**. Ehrlichkeit schafft ***Vertrauen*** und mögen deine Botschaften noch so hart und grausam ehrlich sein: Menschen werden dich für deine ehrlichen Worte ***schätzen***.

Deine ***ehrlichen Ratschläge*** werden

ihnen mehr geben, als jedes nette Wort, dass ihnen vielleicht kurzfristig ein *Lächeln* bereitet, aber auf lange Sicht nicht weiterhelfen wird.

Sicherlich hast du auch schon etwas vom **Klischee** gehört, dass Frauen nette Männer selten lieben. Ich persönlich glaube nicht, dass Nettigkeit deiner Attraktivität bei Frauen grundsätzlich im Weg steht. Bist du allerdings ***„nur" nett*** und lässt du ***Ehrlichkeit und Mut*** vermissen, wirst du es zugegeben schwieriger haben, im Leben zu punkten. Sei es bei einer bestimmten Frau oder generell im Leben.

Tipp 7: Balance zwischen Interesse an sich und anderen

Leidenschaft und Interesse sind äußerst wichtig im Leben, wenn du andere Menschen von dir überzeugen willst. Damit ist gemeint, dass **Balance** im Leben immer wichtig ist und wichtig ist Balance auch, wenn es darum geht, ein gesundes Maß zwischen dem ***Interesse an sich selbst*** und dem ***Interesse an anderen Menschen*** zu finden.

An dieser Stelle möchte ich mein Idol **Dale Carnegie** erwähnen, den ich ja bereits im einleitenden Abschnitt vorgestellt habe. Er sagte einst, dass du in *zwei Monaten* schneller Freunde gewinnen kannst, indem du dein ***Interesse*** an ihnen zeigst, als wenn du *zwei Jahre lang* versuchst, andere Menschen von dir zu ***überzeugen***.

Menschen wird es logischerweise gefallen, wenn du **Interesse** an ihnen zeigst, wenn du ihnen *zuhörst*, dich *in deren Situation* und Lage versetzt und *empathisch* bist.

Wichtig ist es hierbei natürlich, dass dieses Interesse ***ehrlich*** ist und nicht aufgesetzt wirkt, denn das wird sofort auffallen. Dieses ehrliche Interesse an Menschen wird dich weit bringen und dich sehr wahrscheinlich ***charismatisch*** wirken lassen.

Hier war jedoch von **Balance** die Rede, denn es ist auch durchaus wichtig, ***leidenschaftlich von sich selbst zu sprechen***. Man sollte stets in der Lage dazu sein, *sich selbst gut zu verkaufen* und zu präsentieren, denn wenn du andere Menschen ständig über deren Leben ausfragst, aber nie etwas über dich erzählst, wirst du damit bestenfalls *Egoisten* von dir begeistern können.

Die **Balance** ist in diesem Fall also wichtig und ausschlaggebend: interessiere dich für andere Menschen, doch vergiss nicht, ihnen auch einen ***Eindruck*** zu vermitteln, mit wem sie es zu tun haben.

Vielleicht hast du ein **ehrliches Interesse** an Menschen, hast es bisher aber versäumt, dieses zu zeigen, indem du dich nach ihnen erkundigst. In diesem Fall kannst du dir diesen Tipp besonders zu Herzen nehmen. Mit *aufgesetztem Interesse* wirst du, wie gesagt, nicht punkten können.

Diese Tipps sollten nicht auswendig gelernt werden, denn dann können sie nichts bewirken. Vielmehr geht es darum, deine innere Haltung und Einstellung *anzupassen*, um dein **inneres vorhandenes charismatisches Potenzial** freizulegen.

Tipps 8: Bestimmt sein und dennoch ruhig bleiben

Dieser Tipp hilft in verschiedensten Lagen und Situationen des Lebens. Bei der *Kindererziehung*, beim Umgang mit vermeintlich schwer erziehbaren *Tieren*, aber auch bei einfachen *Unterhaltungen* im Alltag.

Voraussetzung ist im Prinzip nur, dass es sich um eine Situation handelt, in der du ***genervt*** sein könntest bzw. früher in einer vergleichbaren Situation immer genervt gewesen wärst.

In Wirklichkeit ist es jedoch so, dass du viel mehr im Leben erreichst, wenn du **bestimmt** und auch **willensstark** bist, währenddessen du jedoch **trotzdem ruhig** bleibst. Es wird ***eine Weile dauern***, bis du dir diese Methode antrainiert hast, doch hast du sie erst einmal beherrscht, werden dir die Vorteile sofort offenkundig sein.

Wenn du deinen **Kindern** etwas ***anerziehen oder verbieten*** möchtest, dann solltest du ***bestimmt und konsequent*** sein. Bist du in der Lage, währenddessen dennoch ***ruhig*** zu bleiben, werden es dir deine Kinder danken.

Denn gehst du mit ***gutem Beispiel*** voran, werden sie dir mit hoher Wahrscheinlichkeit nachfolgen und auf dich hören. Bist du hingegen ***genervt***, kann es gut sein, dass deine Kinder erst recht nicht hören werden, weil sie ein ***Trotzverhalten*** an den Tag legen und deine Stimmung letztlich nur **nachahmen**.

Die von dir **ausgestrahlte Ruhe** wird auf alles ausstrahlen, das mit dir in Berührung kommt und genau das wird deine Chancen erhöhen, dass deine Befehle und Gesetze letztlich eingehalten werden, denn wenn Menschen anderen Menschen folgen, dann am ehesten einem ***charismatischen Führer***, der Ruhe ausstrahlt und klar in seinen Aussagen bleibt.

Tipp 9: Die Rolle des Selbstbewusstseins

Charisma ist eng mit dem Begriff des **Selbstvertrauens bzw. Selbstbewusstseins** verbunden, das habe ich dir ja bereits erklärt. Und dennoch ist es möglich, charismatisch zu sein, ohne Selbstvertrauen bzw. Selbstbewusstsein zu haben.

In diesem Fall ist das Problem allerdings, dass du dieses Charisma ohne das nötige Selbstvertrauen **nicht zeigen können** wirst. Wenn sich also in dir eine charismatische Persönlichkeit verbirgt, dann ist es im Prinzip ***verschenktes und vergeudetes Potenzial***, wenn du dieses Charisma nicht gleichzeitig ausschöpfst.

Wie du mehr Selbstvertrauen erlangst, ist nicht Thema dieser Lektüre, denn dieses Thema muss gesondert betrachtet werden. Trotzdem kannst du an dieser Stelle weiterlesen, denn der ***Weg zu mehr Selbstvertrauen*** ist mit dem ***Weg zu mehr Charisma*** verwandt. Indem du lernst, wie du dein charismatisches Potenzial ausschöpfen kannst, wird dein Selbstvertrauen *automatisch* mit gefördert.

Richtlinie des Charismas: 10 Punkte

Sollten dir die bereits beschriebenen Tipps für mehr Charisma nicht geholfen haben, willst du einfach noch **mehr Input** haben, um dein Charisma freizusetzen, dann ist der folgende Text das Richtige für dich.

Um das Ganze nochmals einzuordnen: Hier geht es um "***richtiges***" Charisma, nicht um "***falsches***" Charisma, welches *Hochstapler* und *Sektenführer* benutzen. Sie missbrauchen ihre Anziehungskraft, um andere zu ***manipulieren*** und um ihnen ***Schaden*** zuzufügen.

Hiermit ist allerdings ein anderes Charisma gemeint, welches mit einer **authentischen Persönlichkeit** ohne *Täuschung und Verblendung* im Zusammenhang steht.

Meiner Meinung nach hat außerdem ***jeder Mensch*** das Potenzial zum Charisma in sich. Es geht nur darum, ob es ein solcher

Mensch für sich *nutzen*, *zeigen* und *frei-lassen* möchte.

Punkt #1: Die goldene Regel

Dass **Selbstliebe** wichtig ist, um Charisma auszustrahlen, habe ich dir ja bereits beschrieben.

In diesem Zusammenhang wurde auch erwähnt, dass es manchmal ein schmaler Grat zwischen ***Selbstverliebtheit*** und ***Selbstliebe*** sein kann. Zwei ähnliche Begriffe, die doch etwas Unterschiedliches bedeuten.

In diesem Kontext solltest du die "**goldene Regel**" heranziehen, denn sie dient dir als ***Richtlinie für ein erfolgreiches Leben***, in dem sich auch *Charisma* ausbreiten kann. Diese Regel ist *uralt*, wird vielen Menschen schon früh gelehrt und doch wird sie *im Alltag häufig missachtet.*

"Was du nicht willst, was man dir tut, das füg' auch keinem anderen zu!"

Mit dir selbst solltest du genauso gut umgehen, wie du ***mit anderen*** umgehst.

Im Umkehrschluss heißt das, Menschen nichts zuzufügen, was man dir selbst auch nicht zufügen sollte.

Beherzigst du diese Regel, wird dein Leben um einiges ***harmonischer*** werden.

Punkt #2: Entspannung

Du kannst noch so charismatisch sein, wenn dies nicht zu deinem **Lebensstil** passt. Die Menschen von heute werden nicht mehr mit Sklaven, jedoch mit ***Terminkalendern*** angetrieben.

Hektik wird deine Ausstrahlung nicht besänftigen. Behältst du hingegen den ***Überblick***, hast du die Möglichkeit, andere mit deiner ***Ruhe*** anzustecken.

Dafür ist allerdings ein passables **Stressmanagement** vonnöten. Auch hier kann ***Meditation*** der Schlüssel zum Erfolg sein. Schon *zehn Minuten Zeit für dich selbst pro Tag* können dabei helfen, dass du dich auf das Wesentliche konzentrieren kannst und dein Charisma nicht im ***hektischen Alltagsstress*** untergeht.

Punkt #3: Prioritäten

Charismatische Menschen folgen ihrem **individuellen Weg**, selbst wenn sie dafür ***ungewöhnliche Maßnahmen*** ergreifen müssen. Schwierigkeiten bringen sie nicht vom Weg ab, sie verlieren ihr Ziel dennoch nicht aus den Augen, da sie ihren **Träumen** folgen.

Sie sind daher **idealistisch veranlagt**, sind **Visionäre**, haben aber auch die **Tatkraft**, um ihre Träume real werden zu lassen. Ihre Persönlichkeit zeigen sie mit ihrem ***Auftreten***.

Das können sie jedoch nur, wenn sie das tun, was ihnen wichtig ist und dies gleichzeitig auch mit **Überzeugung** geschieht. Sie haben ihre **Prioritäten** klar gesetzt und halten sich an diese.

Welche Visionen hast du? Welche Träume hast du und was hindert dich daran, sie Wirklichkeit werden zu lassen?

Punkt #4: Nächstenliebe

Mit der goldenen Regel ist bereits verbunden, dass man andere Menschen nicht nur wie sich selbst behandeln sollte, sondern dass man *andere Menschen auch lieben sollte, so wie man sich selbst liebt.* Das heißt auch, anderen ***Menschen zu helfen***, statt einfach zuzusehen, wie sie sich quälen.

Charismatiker haben **keine Ellenbogenmentalität**. Im Gegenteil: Sie haben einen Blick für die Bedürfnisse anderer und ***helfen*** ihnen gern.

Ausnutzen lassen sie sich jedoch auch nicht. Sie sind in der Lage, eine gute **Balance** zwischen den eigenen Bedürfnissen und Zielen und denen anderer zu finden.

Punkt #5: Mut

Ohne Mut wirst du im Leben nicht weit kommen, denn mit dem ***leichtesten Weg*** wirst du niemanden beeindrucken, vor allem dich selbst nicht.

Wenn charismatischen Menschen etwas wichtig ist, dann sind sie auch dazu bereit, **Risiken** einzugehen, auch wenn das bedeuten könnte, dass sie *über ihren eigenen Schatten springen* müssen.

Mut und ***Risikobereitschaft*** sollte man allerdings nie mit ***Fahrlässigkeit*** und ***Wagemut*** verwechseln. Schritte müssen *mutig*, aber *kalkuliert*, nicht jedoch *unüberlegt* und *voreilig* sein.

Punkt #6: Unabhängigkeit von der Meinung anderer

Menschen sind letzten Endes **Rudeltiere**, weshalb es oftmals schwierig sein kann, sich von der ***Meinung anderer Menschen*** freizumachen.

Doch letzten Endes kommt es für einen selbst doch meistens ohnehin nur darauf an, was **Freunde und Familie** denken. Von ihnen wirst du ***geliebt*** und daher werden sie dich und deinen Weg ***verstehen***. Selbst wenn sie ihn nicht nachvollziehen können, werden sie nicht aufhören, dich zu lieben.

Für den **Rest der Welt** gilt allerdings: Ausstrahlung und Authentizität kommen ***von innen heraus*** und sind daher ***unabhängig*** von dem, was andere Leute sagen oder meinen.

Wer also mutig seinen eigenen Weg geht und andere Menschen womöglich ***motiviert***, der wird ganz natürlich nicht von jedem gemocht werden. Man eckt an, man provoziert womöglich, obwohl man gar nichts dafür getan hat. Man kann ***niemals everbody's darling*** sein und werden und die gute Nachricht ist: *Das muss man auch nicht.*

Bist du immer nur bemüht, es allen recht zu machen, dann ist jetzt der richtige Zeitpunkt gekommen, um damit *aufzuhören.* Mache es dir recht, denn am Ende deiner Tage musst du vor keinem **Rechenschaft** ablegen, außer ***vor dir selbst***.

Punkt #7: No Drugs

"Spaßverderber!" Du kannst dein Leben letzten Endes führen, wie du es dir vorstellst und wünschst.

Mit **übermäßigem Drogenkonsum** und im **regelmäßigen Vollrausch** wirst du vieles, beispielsweise hemmungslos und krank, doch ***keinesfalls charismatisch***. Denn dadurch verlierst du die *Selbstkontrolle*, die *Berechenbarkeit* und deine *geis-*

tige Klarheit, die dich sonst auszeichnet.

Daher sollte man auf den übermäßigen Konsum verzichten. Das gilt natürlich nicht nur für Menschen, die sich für Charisma interessieren, sondern generell für alle Menschen, die ihr Leben ***verantwortungsvoll*** und ***gesund*** leben wollen.

Punkt #8: Sich selbst nicht zu ernst nehmen

Viele Menschen begehen einen Fehler, indem sie **sich selbst** oder das **Leben im Allgemeinen** zu ernst nehmen.

Versteh mich nicht falsch: Das Leben sollte man durchaus ernst nehmen, denn schließlich hat man ja nur eines.

Doch **Verbissenheit** und **Verkrampftheit** sind schlechte Begleiter im Leben. Das wird eine besondere Ausstrahlung und deinen Humor schon im Ansatz ***zerstören***.

Lockerheit und **Fehlertoleranz** sind hingegen gute Begleiter und gehören für eine ***charismatische Persönlichkeit*** mit dazu. Du bist *nicht perfekt* und *machst Fehler,* so wie jeder Mensch auch. Hast du dies erst einmal verstanden und akzeptiert, *lebt es sich viel leichter.*

Über sich selbst lachen zu können, kann eine sehr *liebenswerte* und *positive Eigenschaft* sein, die dich zugleich charismatischer und auch sympathischer wirken lässt.

Punkt #9: Der Sinn des Lebens

Es ist an anderer Stelle schon einmal angeklungen und doch soll es dir hiermit noch mal vermittelt werden: *Was du im Leben erreichen möchtest, was wirklich wichtig für dich ist, welche Visionen du hast und welche du verfolgst,* das sind wichtige **Fragen**, die du für dich selbst zumindest ansatzweise ***beantworten*** solltest.

Konsum und Besitzgüter werden dir nur begrenzt einen ***Lebenssinn*** bringen, schließlich handelt es sich um geliehenes Gut, das ohnehin unwichtig sein wird, sobald es dich eines Tages nicht mehr gibt.

Die **Erinnerungen an dich** überleben jedoch und damit die Erinnerungen der Menschen an dich und *deinen Umgang mit ihnen*. Wie kannst du der Welt mit deinen Talenten helfen? Wer eine ***Vision im Leben*** hat und auf diese Frage eine Antwort findet, der überzeugt automatisch durch ***Ausstrahlung und Charisma***.

Punkt #10: Auf dein Auftreten achten

Ich werde noch genauer auf die Rolle der **Körperhaltung** in diesem Werk eingehen und dennoch sollte man diese Rolle nicht überbewerten.

Eine gute **Körpersprache** allein wird dir nämlich nichts bringen. Sonst ist es allerdings auch nicht zielführend, einerseits ***charismatisch*** zu sein und dennoch ***gebeugt*** durch das Leben zu gehen.

Daher sollen an dieser Stelle schon einige

Tipps zum richtigen **Auftreten** folgen, die sich deiner **charismatischen Persönlichkeit** anschließen sollen.

Dein ***Kleidungsstil*** sollte beispielsweise zu dir passen. Wichtig ist es, dass du dich in deinen Kleidern *wohlfühlst*. Im Zweifelsfall kannst du dich in puncto Kleidung beraten lassen oder ein *Umstyling* wagen.

Ein ***gepflegtes Äußeres*** ist wichtig. Nicht nur wird es nach außen hin einen *guten Eindruck* verbreiten. Auch du wirst dich nach innen *wohler fühlen.* Schmutzige Schuhe oder fettige Haare werden eine positive Ausstrahlung umgehend zerstören.

Deine ***Haltung*** sollte *aufrecht* sein und weiterhin solltest du dir es angewöhnen, den Menschen, mit denen du sprichst, *in die Augen zu schauen.*

Körperhaltung und ***Körpersprache*** sollten sich zum Inhalt deines Gesagten anpassen. Künstlich sollte also nichts wirken. Eine *offene und interessierte Körperhaltung und Mimik* sind empfehlenswert.

Zwischenfazit

Diese **Tipps** werden dir auf dem Weg zum Charisma garantiert weiterhelfen. Einer der wichtigsten Tipps, den ich dir indirekt bereits gegeben habe, ist aber der, das mit dem ***Charisma nicht erzwingen*** zu wollen.

Charisma ist nichts, dass man auswendig lernen oder einfach "haben" könnte. Daher sollte man nichts erzwingen bzw. *krampfhaft* etwas versuchen.

Wie ich bereits sagte: **Charisma steckt in jedem von uns.** Diese Tipps und Tricks sollen dieses Charisma freilegen, indem deine ***positiven Eigenschaften*** ans Tageslicht kommen und dein ***Selbstbewusstsein und Selbstvertrauen*** besser werden.

All das, gepaart mit einem ***Sinn im Leben, Optimismus, Mut*** etc. werden letztlich dafür sorgen, dass das Charisma automatisch aus dir sprudeln wird.

Die "sieben Säulen des Charismas"

Damit du den Begriff Charisma besser einschätzen kannst und zugleich noch einige Tipps erhältst, die dir verraten, wie du Charisma *erhalten* bzw. es *freilassen* kannst, solltest du die folgenden Tipps ganz besonders aufmerksam lesen.

Das Charisma basiert nämlich auf **sieben Säulen**, jedenfalls lässt sich der Terminus unter anderem so erklären. Welche Säulen das sind und welche ***Relevanz*** sie für dich und dein Leben haben, werde ich dir nun erklären.

Säule 1: Selbstliebe statt Selbstverliebtheit

Eine wichtige Säule auf dem Weg zu Charisma ist die Fähigkeit, **Selbstliebe** zu empfinden. Selbstliebe darf aber keinesfalls mit ***Selbstverliebtheit*** verwechselt werden, denn es handelt sich um zwei sehr verschiedene Begriffe.

Bist du **selbstverliebt**, dann ist es sehr gut möglich, dass du dich womöglich auch für ***etwas Besseres*** und dich schließlich für ***perfekt*** hältst. Dann ist die Wahrscheinlichkeit groß, dass du ***narzisstisch***, aber nicht charismatisch bist.

Als Mensch mit **Selbstliebe** beherrschst du hingegen die ***„Kunst" der Zufriedenheit***, denn wir leben in einer Welt, in der ***Selbstoptimierung*** *Hochkonjunktur* hat.

Ständig muss etwas verbessert werden. Sportlicher, schlanker, schneller – dabei gerät das **zufrieden und dankbar sein** in den Hintergrund. *Gesund* zu sein, ein *Dach über dem Kopf* und genügend zu *essen und trinken* zu haben, das müsste einem schon ausreichen, um ein gewisses Maß an ***Selbstliebe*** zu spüren, denn damit geht es uns besser als einem Großteil der Menschen auf diesem Planeten.

Sich selbst liebende Menschen spüren einen ***inneren Frieden*** und ***Akzeptanz*** für sich und ihre Umwelt. Allein das macht sie zu charismatischen und schillernden Figuren.

Säule 2: Zufriedenheit – wenn auch gegen den Strom

Mit dieser ersten Säule ist diese zweite Säule bereits eng verbunden, denn mit *Selbstliebe* schwingt auch **Selbstzufriedenheit** mit.

Charismatische Menschen sind dazu in der Lage, sich mit all ihren **Makeln und Macken** zu akzeptieren, sich letztlich so zu lieben, wie sie eben sind. Dank dieser Eigenschaft strahlen sie ***Gelassenheit, Ruhe und Zufriedenheit*** aus. Diese Zuversicht hilft natürlich auch dabei, ***positiv*** in Richtung *Zukunft* zu schauen.

Da wir Teil einer Gesellschaft sind, der es zwar größtenteils immer besser geht und dennoch **immer unzufriedener** ist, unter anderem aufgrund der ***Angst, diesen Wohlstand zu verlieren***, werden solche charismatischen und selbstzufriedenen Menschen umso **bewundernswerter**, da sie ***gegen den Strom schwimmen*** und sich von der *allgemeinen Verunsicherung und Unzufriedenheit* trotz Wohlstandes nicht anstecken lassen.

Säule 3: Gesundes Selbstbewusstsein
Wer sich selbst liebt und mit sich und seiner Umwelt zufrieden ist, der hat automatisch auch ein gutes **Selbstbewusstsein**. Wer ein gutes Selbstbewusstsein hat, wird automatisch ***zufriedener***.

Auch die dritte Säule ist also mit den eben besagten Säulen eng verwandt. Das Vertrauen in die **eigenen Fähigkeiten**, das realistische Einschätzen der eigenen **Stärken und Schwächen** – das macht einen ***selbstbewussten*** und letztlich auch ***charismatischen Menschen*** aus.

Talente und Stärken, Schwächen und Grenzen – nur mit der ***realistischen Einschätzung*** dieser Dinge lässt sich zuversichtlich in die Zukunft schauen. Und schließlich lassen sich andere Menschen von einem selbst, von einem Charismatiker, nur dann überzeugen, *wenn man selbst an sich glaubt.*

Das wirst du nicht nur bei dir beobachten. Dies lässt sich auch bei Persönlichkeiten wie *Barack Obama* oder ließ sich bei *John F. Kennedy* und deren Reden und Auftreten ablesen.

Säule 4: Zielstrebigkeit

Charismatische Menschen haben oft eines gemeinsam und das ist ihre **Zielstrebigkeit** und die Tatsache, eine **bestimmte Mission** zu haben.

Hingegen haben ***planlose Menschen*** eines gemeinsam, und zwar, dass sie ***ziellos*** im Leben umherirren und sich von solchen Missionen gern anstecken lassen.

Die **Suche nach dem Sinn**, sie ist in der ***menschlichen DNA*** tief verankert. Die Sinnfrage ist vermutlich einer der Gründe, warum wir heutzutage ***Weltreligionen*** haben.

Wir leben in einer Zeit der **unendlichen Möglichkeiten**. Doch, anstatt dass dies Menschen hilft, bewirkt es oftmals das Gegenteil: ***Chaos, Überforderung, Verwirrung.***

Reichtum, Karriere, Familie – einige Menschen finden ihren **persönlichen Sinn des Lebens**, doch einige werden im Endeffekt Leere vorfinden. Der Charismatiker hingegen setzt sich **Ziele** und verfolgt diese ***diszipliniert***. Er bleibt stets ***gelassen und zufrieden*** und kümmert sich ***konzentriert*** um seine Träume und Ziele, die er Realität werden lässt.

Motivation, Mut, Glaube, Vorfreude – es ist kein Wunder, dass charismatische Persönlichkeiten heutzutage schnell im Rampenlicht anzutreffen sind, denn in einer ***rastlosen, getriebenen und von Reizen überfluteten Gesellschaft*** fallen sie natürlich ganz besonders auf.

Säule 5: Ansteckende Energie

Charismatische Persönlichkeiten verfügen häufig über eine Energie, die ansteckend ist. Diese **Energie** entsteht durch die ***Zufriedenheit*** mit sich und dem eigenen Umfeld. Sie entsteht außerdem durch das ***Vertrauen*** in die Zukunft, durch die ***Vorfreude*** und ***Ziele***, die sich mit Vorfreude realisieren lassen.

Die daraus entstehende **Energie ist einzigartig**. Dabei ist anzumerken, dass es sich nicht um eine reine körperliche Energie handelt, viel mehr ist sie ***mental*** vorhanden und umgibt den Charismatiker wie eine Art ***Schutzhülle***.

Wenn du also **charismatisch** bist, muss das nicht heißen, dass du nicht auch deinen *Mittagsschlaf*, einen *Spaziergang im Wald* oder drei bis vier Tassen *Kaffee* pro Tag brauchst.

Es geht um einen ***geistigen Tatendrang***, um ***Lernbereitschaft***, fachliches und soziales ***Interesse***, ***Organisation***, ***Disziplin***, ***Selbstzufriedenheit***, ein ***ehrliches Lächeln*** auf den Lippen.

Eben jene Energie wird schließlich auch dabei helfen, ein charismatischer und guter Führer zu sein, der Gruppen leitet. Auch diese Energie resultierend aus

Selbstliebe und Motivation, welche zu einer ***gesunden Psyche*** und zu einem ***gesunden Körper*** führt, ist in der heutigen Arbeitswelt, die von Überforderung und Stress dominiert wird, durchaus sonderbar und auffallend.

Säule 6: Extrovertiertheit

Es ist bereits angeklungen: Ein Charismatiker kann sich nur dann vollkommen entfalten, wenn er ***selbstbewusst*** ist und sein vorhandenes ***Potenzial*** nach außen wandeln kann.

Dafür sollte er natürlich auch ein gewisses Maß an **Extrovertiertheit** besitzen. Durch diesen extrovertierten Persönlichkeitsanteil wird er zur ***Energiequelle*** seines *Gegenübers oder einer Gruppe.* Eventuell fungiert er sogar als Energiequelle für ein *Unternehmen* oder für ein *Land*, indem er politisch aktiv ist.

Charismatische Menschen sind in der Regel **offen, zugänglich und authentisch**. Er gewinnt das **Vertrauen** seines Umfeldes sehr schnell und gerät dadurch auch leicht in den **Mittelpunkt**.

Säule 7: Kommunikation

Die letzte Säule ist auch in diesem Fall wieder auf die vorangegangene Säule bezogen bzw. schließt an diese an. *Denn wie kann sich eine extrovertierte Persönlichkeit optimal veräußern?*

Richtig, sie muss kommunizieren. **Kommunikation** ist in unserem Leben das A und O. Charismatische Menschen suchen Gespräche mit anderen und bekunden ihr ***ehrliches Interesse*** an ihrem Mitmenschen. Sie versuchen, die Menschen um sich herum zu ***verstehen***.

Charismatiker sind nicht selten **Genies der Kommunikation**, sie sind ***eloquent*** und wissen dabei auch, wie sie ihre ***Körpersprache*** richtig einzuschätzen haben. Sie nehmen ihre Vorhaben in die Hand und kommunizieren, ob ***bewusst oder unbewusst***, dabei auch mithilfe von sogenannten „***Power-Posen***", die du hier in dieser Lektüre auch noch kennenlernen wirst.

Der Weg zu den Säulen

Da hast nun also gelernt, was einen Charismatiker unter anderem ausmacht und worauf es ankommt, wenn auch du **dein Charisma freilegen** möchtest.

Anzumerken ist hierbei, dass sich Charismatiker selten von anderen Menschen, die Charisma besitzen, ***anstecken*** lassen. Damit sind sie unter anderem auch vor ***Manipulation*** durch Sekten etc. geschützt. Sie neigen aus diesem Grund auch selten zu ***Konformität***.

Wenn du noch besser wissen und lernen möchtest, wie auch du deinen Weg hin zu einem charismatischen Wesen bestreiten kannst, dann kannst du dich an den folgenden Regeln orientieren, die dazu führen können, dass du die eben vorgestellten **Säulen des Charismas** verinnerlichen kannst.

Die folgende **Orientierung** wird dir also zeigen, was du konkret umsetzen und tun kannst, *um an dir zu arbeiten*:

Äußeres Erscheinungsbild: Das Sprichwort „*Kleider machen Leute*" hat durchaus seinen Wahrheitsgehalt. Zwar ist ein charismatischer Mensch nicht automatisch an Mode interessiert, doch schließlich geht es auch darum, sein charismatisches Inneres nach außen hin zu repräsentieren, und hierfür ist die ***äußere Erscheinung nicht unwichtig***.

Körpersprache: Wir beurteilen Menschen *unterbewusst* anhand dessen, was uns ihre Körpersprache verrät. Deshalb solltest du darauf achten, dass deine Körpersprache zu dem Inhalt deines Gesagten passt. Auch sollten ***Mimik und Gestik*** stimmig sein. Offene Gesten gehören ebenfalls dazu, damit deine *Kommunikation* auch vollkommen gelingt. Mehr Informationen zum Thema Körpersprache wirst du auch in diesem Ratgeber erhalten.

Augenkontakt: ***Interesse*** an anderen Menschen ist wichtig. Es zu besitzen ist dabei das eine, *es zu zeigen* hingegen das andere. Ein gutes Mittel, dein Interesse zu bekunden, ist der Augenkontakt mit deinem Gegenüber. Dieser wird dich automatisch ***selbstsicher*** wirken lassen und macht dich für deinen Gesprächspartner automatisch sympathisch und greifbar.

Aktive Gesprächsführung: Gespräche sollten so gestaltet werden, dass du deinem Gesprächspartner auf jeden Fall ***aktiv und aufmerksam*** zuhörst und Fragen stellst, sobald Fragen auftauchen sollten. Die Gesprächsanteile in einem Gespräch sollten außerdem *fair* verteilt werden, sodass du ihn oder sie nicht mit Informationen überflutest, selbst aber auch nicht in die Rolle des passiven Zuhörers gerätst.

Vertrauen: Es sollte im Prinzip nichts Neues oder Überraschendes für dich sein, dennoch soll es hier erwähnt werden. ***Vertrauen ist das Wertvollste***, was du als charismatischer Mensch von anderen Menschen erhalten wirst. Es ist das Schlimmste, dieses Vertrauen zu brechen. Denn ist es einmal weg, kommt es in der Regel schwer oder vielleicht sogar *niemals* wieder.

Perspektiven-Denken: In einem Gespräch solltest du in der Lage sein, dein Gegenüber zu verstehen, indem du sein oder ihr Leben aus seiner oder ihrer Perspektive siehst. Für diese ***empathische Sichtweise*** solltest du dir ein *Perspektiven-Denken* angewöhnen. Das Leben lässt sich ohnehin besser leben und beurteilen, wenn verschiedene Perspektiven eingenommen werden. Über einen Menschen sollte nicht vorschnell geurteilt werden, weshalb sich dieser Blick *„über den Tellerrand"* stets anbietet.

Eigene Meinung: Als charismatische Persönlichkeit wirst du nicht selten eine Meinung verfolgen und haben, die nicht jedem passt. Auch wenn es manchmal schwierig werden kann, solltest du immer ***authentisch*** bleiben, indem du *deiner Meinung treu* bleibst, auch wenn das bedeuten könnte, das eine oder andere Mal gegen den Strom schwimmen zu müssen.

Ziele setzen: Sich Ziele zu setzen, zielstrebig zu sein und diese Ziele damit letzten Endes auch ***konsequent*** zu verfolgen, das ist wichtig im Leben, egal, ob du nun charismatisch bist oder nicht. Ziellos im Leben umher zu irren kann letztlich nur schädlich für dich sein.

Kind bleiben: Es gibt einen Grund, warum man manchmal sagt, man solle *mög-*

lichst lang Kind bleiben. Als Erwachsener muss und sollte man natürlich Verantwortung übernehmen, doch einige kindliche Eigenschaften dürfen gern bestehen bleiben: die Fähigkeit, sich über die ***kleinen Dinge im Leben*** zu freuen, die *Hingabe und Vorfreude*, eine *positive Grundhaltung* im Leben und zudem die Fähigkeit, *begeisterungsfähig* zu bleiben. Auch dies wird dir dabei helfen, deinen Weg zu einem charismatischen Menschen erfolgreich zu gehen.

Charisma laut Wissenschaft

Du hast soeben zahlreiche **Tipps und Tricks** erhalten, die in der Praxis helfen, deine Ausstrahlung und dein Charisma zu verbessern bzw. dafür zu sorgen, dass du beides besser zeigen und veräußern kannst.

Um dir noch einige **theoretische Bausteine** aus der Wissenschaft auf den Weg zu geben, möchte ich an dieser Stelle noch etwas Wissenschaft einfließen lassen, indem ich dir zeige, wie ***Psychologen*** den Begriff Charisma verstehen und auffassen.

Charisma ist ein Wort, das von vielen unterschiedlich und teilweise auch vielseitig ***interpretiert*** wird. Damit du dir noch besser vorstellen kannst, was Charisma ausmacht, möchte ich an dieser Stelle noch einen Experten zitieren.

Es handelt sich um ***Prof. Dr. Günter W. Maier***, der an der Universität Bielefeld tätig ist. Er fungiert als Professor für die Fakultät für Psychologie und Sportwissenschaften. Er ist unter anderem auch und vor allem im Feld der **Arbeits- und Organisationspsychologie** tätig.

Seine Definition von **Charisma** lautet wie folgt: "In der psychologischen Führungsforschung versteht man unter Charisma ein ***Persönlichkeitsmerkmal***, das sich in bestimmten Situationen (z. B. in einer Krise) in ein ***bestimmtes Verhalten*** des Führenden übersetzt (z. B. sinngebend), um dann bei den Geführten über den Prozess der ***Identifikation*** mit dem Führenden zum ***Effekt*** (z. B. gesteigerte Motivation) zu führen. Charisma wird ***nicht als dauernd und situationsunabhängig angesehen***, wie andere Persönlichkeitsmerkmale (z. B. Intelligenz)."

Diese Definition erscheint auf der entsprechenden Seite des *"Business Insiders"*. Auch hier wird also deutlich, welche Rolle die Führungsfähigkeit eines Menschen für seine charismatische Ausstrahlung spielt.

Aus diesem Grund soll es in diesem **Bonus-Kapitel** auch um **charismatische Führung** gehen. Dies kann für dich aus verschiedensten Gründen interessant sein, also nicht nur, wenn du Chef einer Firma bist. Schließlich kommen wir alle einmal in die Situation, etwas ***führen oder leiten*** zu müssen bzw. Verantwortung zu übernehmen.

"***Spektrum***" definiert charismatische Führung im Zuge eines psychologischen Lexikons wie folgt. Demnach lasse sich charismatische Führung generell als ***ungewöhnlich erfolgreiche Führung*** definieren, wodurch man sich an der Wirkung von Führung orientiert.

Der Erfolg der Führung ist dabei auf die ***Führungsperson und deren Vision*** zurückzuführen. Diese wird vom Sprecher verkörpert und vermittelt und sorgt schließlich für ein ***Pflichtgefühl*** der Mitarbeiter bzw. geführten Gruppe.

Eben jene Verpflichtung sorgt dann auch dafür, dass man bereit ist, ***persönliche Opfer*** zu bringen und eigene Interessen zugunsten der ***gemeinsamen Visionen*** hintenanstellen kann. Dies trifft dabei unter Umständen auch auf den Führer selbst zu, was ihn ungemein ***glaubwürdiger*** werden lässt.

Die Vision entsteht größtenteils direkt aus den ***Werten und Überzeugungen***, welche die Führungsperson vertritt. Eine ***lohnenswerte und optimistische Vision*** der Zukunft wird geschaffen, indem eine ***Interaktion*** zwischen der charismatischen Führung und der Wirkung auf die Geführten entsteht.

Max Weber untersuchte einst die Wirkung von charismatischer Führung und bezog diese Führung dabei auf ***soziale Probleme*** und analysierte ebenfalls in Richtung ***Wandel von Organisationen***.

Unter anderem wurden dabei auch **Merkmale** von charismatischer Führung untersucht. Zu ihnen zählen: die ***Ausdauer*** gegenüber Herausforderungen, die Fähigkeit, Motivation in anderen auszulösen (**Leistungsmotiv**), Bereitschaft zur **Risikoübernahme** und **Vertrauen** sowie **Interesse** an den geführten Menschen.

Fähigkeiten, welche **Beziehungen stiften**, sind bei charismatischen Führern offenbar besonders ausgeprägt. Charismatische Führer wirken dabei auf ***Werte, Motive und Selbstverständnis der Geführten*** ein.

Allgemein sieht man **Charisma** aber nicht als etwas, das ***überdauert oder unabhängig von Situationen*** auftritt. Damit unterscheidet sich Charisma beispielsweise von Intelligenz.

Vielmehr handele es sich um ein Konstrukt, welches auch nur in bestimmten Situationen auftritt, um letztlich ***Motivation beim Geführten*** auszulösen. Damit kann eine Krise beispielsweise gemeistert werden, indem sich der Anführer mit dem

Geführten ***identifiziert*** und schließlich durch etwas Sinngebendes ***motivierend*** einwirkt.

Die drei Führungsstile

Der **charismatische Führungsstil** ist dabei ein Führungsstil, der vom besagten ***Max Weber*** unterschieden wurde. Neben diesem gibt es aber auch noch den ***traditionellen bzw. patrimonialen Herrschaftsstil*** sowie die ***bürokratische bzw. rationale Herrschaft***.

Durchgesetzt hat sich mittlerweile jedoch die charismatische Herrschaft, da sie auf den **Glauben und die Kraft einer Person** einwirkt und fördert. Schon seit den 80er-Jahren gehen Chefs vermehrt dazu über, sich um diese Art von Führung zu bemühen, da ***Motivation*** vonnöten ist, um Antworten auf komplexe Probleme zu finden.

Ein Chef, der ***mutige Entscheidungen*** trifft, dabei aber auch dazu in der Lage ist, sich ***helfen*** zu lassen, wird eben merken, dass Mitarbeiter ihm eher folgen, was den eingeschlagenen Führungsstil bestätigt.

In der Arbeitswelt ist **Charisma** also die Gabe, welche für eine ***soziale Bindung zwischen Chef und Mitarbeitern*** sorgt. Strahlt der Chef **Energie und Charme** aus, kann die charismatische Führung noch besser gelingen. Die Mitarbeiter folgen dem Chef dabei natürlich eher, wenn der Chef als ***Vorbild*** gesehen wird. Dies motiviert zusätzlich.

Mitarbeiter werden ***gefördert***, sie sehen ihre Arbeit mitunter aus einem anderen Blickwinkel. Mitarbeiter werden dadurch ebenfalls dazu ***motiviert***, auf das *Wohl der anderen Mitarbeiter* zu achten.

Einsatz, Zufriedenheit, Vertrauen, Akzeptanz, Gehorsam und Loyalität – all das verspricht **charismatische Führung** und all diese Begriffe sind für das *Gelingen* eines Unternehmens natürlich erheblich wichtig.

10 Tricks für eine bessere Ausstrahlung

Durch die folgenden Zeilen wirst du **wertvolle Tricks** erhalten, die dir dabei helfen sollen, deine **Ausstrahlung** erheblich ins Positive zu steigern.

Dabei geht es im Prinzip, zumindest meiner Meinung nach, keine wesentlichen Unterschiede zwischen den Begriffen **Charisma und Ausstrahlung**. Der Begriff der Ausstrahlung ist in der deutschen Sprache noch etwas *geläufiger*.

Wenn wir von **Ausstrahlung** sprechen, meinen wir dabei allerdings nicht immer das etwas unbekanntere, weil griechische Wort **Charisma**. Wir sprechen beispielsweise oft von ***Äußerlichkeiten***, von der eher oberflächlichen Art und Weise, durch eine äußere Attraktivität etwas Anziehendes zu besitzen. Dabei kann es natürlich auch eine ***innere Ausstrahlung*** geben.

Ob man nun von Charisma, Ausstrahlung

oder beispielsweise von einer Aura sprechen möchte – meiner Meinung nach ist *Ausstrahlung* etwas, das *dem Charisma nachfolgt*. Das Charisma ist in jedem von uns vorhanden, doch es ist unsere Aufgabe, dieses ***Charisma durch unsere Ausstrahlung zu zeigen und einzusetzen***.

Wenn Menschen auf den ersten und zweiten Blick ***sympathisch*** wirken und das ***Glück magisch anzuziehen*** scheinen, dann liegt es mitunter oft daran, dass sie eine **positive Ausstrahlung** haben.

Jeder von uns hat die Möglichkeit, etwas **Positives auszustrahlen**. Alles, was wir dafür tun müssen, ist etwas zu ***üben*** und unseren ***Fokus für das Wesentliche*** zu schärfen.

Ist deine **Ausstrahlung** auf einem gewissen Level angelangt, wirst du *beliebter*, du hast es *im Alltag leichter* und deine *Karrierechancen steigen* außerdem.

Auch in der **Liebe** kann es sich natürlich als Vorteil erweisen, eine positive Wirkung auf andere zu haben. Menschen, die eine positive Ausstrahlung auf andere und auf dich haben, haben gleichzeitig eine ***gewaltige Wirkung*** auf andere. Es sind die besonderen ***Signale***, die ein Mensch an seine Umwelt sendet.

Körperhaltung, Stimme, Mimik und Gestik, selbst der *Geruch* einer Person kann dabei eine Rolle spielen. Um die **innere Ausstrahlung** zu schärfen, kann es sinnvoll sein, an der ***inneren Einstellung*** zu arbeiten. Dafür sind folgende Tipps wertvoll.

Tipp 1: Der positive Start in den Tag

Der Tag startet morgens schon gut, wenn du dir die Zeit nimmst, um deinen ***Fokus auf etwas Positives*** zu richten. Selbst wenn du ein Morgenmuffel bist, können fünf Minuten reichen, um deinen Tag positiv zu beginnen. Dabei können es vermeintliche Kleinigkeiten sein, die dich positiv stimmen.

Der *Sonnenstrahl* am Morgen, der Wärme und Harmonie verspricht oder eine Verabredung, die *Vorfreude* verursacht und den Tag damit überstrahlt. Beginnt ein Tag in einer solchen Grundstimmung, wirst du dich gut fühlen und dies wirst du zugleich auch *ausstrahlen.*

Tipp 2: Die richtige Perspektive

Das Leben ist oftmals eine Frage und Angelegenheit der entsprechenden Perspektive. Ist eine Sache deiner Meinung nach schlecht, dann solltest du womöglich deinen ***Blickwinkel verändern*** und die Sache anders betrachten.

So kommt es, dass etwas vermeintlich Schlechtes unter anderem Licht anders erstrahlt und du letzten Endes doch etwas Positives aus allem gewinnen kannst. Charismatische Menschen ziehen oft ihre *Vorteile* und Schlüsse aus *vermeintlichen Missgeschicken.*

Es ist letztlich eine Frage der ***Einstellung***, nicht nur eine Angelegenheit der Perspektive. Bist du derjenige, der ausschweifend über diese Welt redet und sie permanent *schlecht macht*, oder ziehst du auch aus Missgeschicken lustige Anekdoten und entdeckst *positive Kleinigkeiten*, aus denen du vielleicht sogar lernen kannst?

Oft fokussieren wir uns auf das Schlechte, ohne zu begutachten, ob es nicht ***auch etwas Gutes*** geben könnte. Hast du beispielsweise den Zug verpasst, kannst du dich darüber innerlich aufregen und die Zeit auf diese Weise verschwenden. Oder aber, du nutzt die freie Zeit für ein interessantes und anregendes Gespräch mit einem Fremden. Vielleicht wird dieses Gespräch dein Leben verändern und es hätte ohne diese Verspätung nie stattgefunden?

Die Autorin der *Harry-Potter-Bücher* empfing die Idee zu ihren Büchern auf einer Zugreise, die sonst wohl völlig *banal und ereignislos* gewesen wäre. Doch sie nutzte ihre Fantasie und schaltete nicht ab, auch wenn sie "nur" in einem Zug saß.

Bevor du also etwas als schlecht oder sinnlos abtust, ändere für einen Moment die Perspektive und *überdenke deine Reaktion und Haltung.*

Tipp 3: Auf die Stärken fixiert

Optische Mängel, Fehler und Unzulänglichkeiten: Menschen sind oft ***selbstzerstörerisch und zynisch***. Sie halten sich an ihren vermeintlichen Makeln auf und reden sich in Rage. Sich selbst kann man schließlich problemlos zerstören, denn hier erhält man *keine Gegenwehr.*

Es ist leichter und oft einfach, *sich zu kritisieren* und sich damit etwas abzusprechen, statt sich innerlich zu motivieren. Im Endeffekt wird man sich selbst durch diese Taktik stets auf die ***eigenen Schwächen*** fixieren und andere werden dasselbe tun. Das Gute wird dadurch nicht mehr wahrgenommen.

Darunter leiden ***Selbstwertgefühl*** und letztlich auch die ***Ausstrahlung***. *Mache deine Schwächen zu Stärken* oder akzeptiere deine Schwächen zumindest, denn jeder Mensch hat Schwächen. Deine Stärken zeichnen sich hingegen aus und daher gibt es keinen Grund, sich nicht darauf zu konzentrieren.

Tipp 4: Keine Vergleiche

Die moderne Leistungsgesellschaft prägt diesen Wesenszug, diese schlechte Angewohnheit und auch sonst tragen wir Menschen es leider oft in und mit uns: die

Tendenz, sich ständig ***mit anderen Menschen zu vergleichen***.

Laut Wissenschaftlern sind reiche Menschen sogar niemals wirklich zufrieden mit ihrem Reichtum, wenn es in ihrer Nachbarschaft jemanden geben sollte, der noch reicher und noch wohlhabender ist.

Der **Kontext** ist für unser Glück also oft leider maßgeblich. Aus diesem Grund sollten wir uns diesem Kontext einfach nicht aussetzen. *Hat dieser Mensch einen besseren Job als ich? Verdient er mehr Geld? Warum hat er eine Beziehung und ich nicht?*

Wir scheinen uns zu positionieren, indem wir Vergleiche anstreben. Doch diese **Positionierungen** sind nicht echt und schon gar nicht zielführend, weil sie uns auf ***angebliche Defizite*** hinweisen. ***Minderwertigkeit, Unzufriedenheit, Unglück*** – das sind die Folgen dieser Gewohnheit. Dabei besteht das Leben aus viel mehr und damit nicht nur aus *Jobs, persönlichem Status oder Beziehungen.*

Ein **Selbstwertgefühl** entspringt, wie es der Begriff schon andeutet, *aus einem selbst.* Die wahre Kraft liegt in dir selbst und in dir ist dein ***wahres Potenzial*** verborgen. In dir liegt deine ganz eigene Geschichte und vielleicht die Tatsache, erst Fehler begehen zu müssen, um eines Tages *erfolgreich* sein zu können.

Erkenne dich selbst und deinen eigenen Wert, schreibe **deine eigene Geschichte**. Für diese Geschichte sind die Geschichten der anderen völlig unerheblich. Sie wissen nicht, was du durchgemacht hast und warum du so bist, wie du bist. Du weißt genauso wenig, was andere hinter sich haben und warum sie so sind, wie sie eben sind.

Außerdem hat jeder Mensch ***Probleme*** und sie existieren selbst *trotz Reichtums, Beziehungen oder trotz Berufen.* Auch aus diesem Grund bringen dich Vergleiche nicht weiter.

Tipp 5: Selbstakzeptanz

Sich selbst zu akzeptieren, ist die Grundlage für alles Weitere. Viele Menschen fragen sich, ob es die "**wahre Liebe**" wirklich gibt und Menschen philosophieren seit Ewigkeiten darüber, ob sie denn existiert. Meiner Meinung nach ist die ***wahre Liebe die Liebe zu sich selbst***, denn sie bildet den *Grundstein* für alles, was nach ihr kommt.

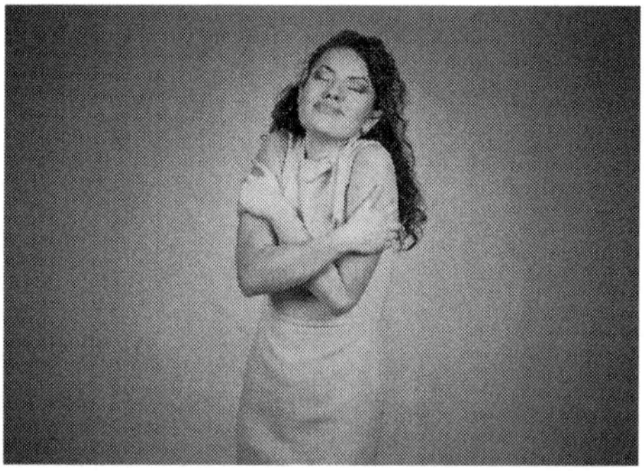

Lieben heißt bekanntlich, sich ***Fehler zu verzeihen***. Ehrgeiz schadet nie, doch ***Perfektionismus*** ist letztlich nur das Ziel, die eigenen ***Schwächen zu verdrängen***. Versuche daher nicht perfekt zu sein, *sei einfach du selbst.*

Du hast ein schlechtes Gedächtnis, bist handwerklich nicht geschickt, versagst als Koch? Du verlierst schnell die Geduld? Das sind keine Gründe und Motive, um sich Vorwürfe zu machen. Sobald du mit dir selbst haderst, wirst du dich ***abwerten*** und dir ***Schuldgefühle*** verleihen.

Die wahre Schönheit im Leben, die wahre Perfektion, auch und vor allem in der Liebe, steckt in der **Unvollkommenheit**. Nichts ist vollkommen und daher musst du diesen Anspruch an dir auch nicht haben. Andere Menschen werden dich häufig nicht trotz deiner Fehler, sondern ***gerade wegen deiner Fehler*** lieben, die dich ***nicht schwach***, sondern einfach nur ***menschlich*** machen.

Tipp 6: Positives Selbstbild

Um deinen **Fokus auf deine Stärken** zu richten, kannst du dies ***schriftlich*** fixieren. Fertige eine Liste mit all deinen *Stärken, Talenten und Fähigkeiten* an. Zähle deine Erfolge auf und finde deine ***persönlichen Stärken*** durch ein Brainstorming.

Was kannst du besonders gut, was machst du gern und worin bist du erfolgreich? Erinnere dich an Momente des Erfolges in deinem Leben und erinnere dich zudem daran, wie du sie erreicht hast. *Welche Stärken hast du eingesetzt?* Dieses Gedankenexperiment wird dazu beitragen, dass du dir ein **positives Selbstbild** verschaffen wirst.

Du kannst mir im Übrigen nicht erzählen, dass du *nichts* für diese Liste finden wirst. Dann kannst du dir sicher sein, dass dein Selbstbild bereits *äußerst negativ* ist und du daran arbeiten solltest.

Tipp 7: Stolz

Wenn dir etwas besonders gut gelungen ist und du nun über eine ***neue Fähigkeit*** verfügst, wenn du eine ***Angst*** von dir ***überwunden*** hast oder du dich endlich wieder zum Sport aufraffen konntest – egal, was es nun genau ist, nimm dir ab und zu die Zeit, um **stolz auf dich** zu sein.

Achte auf die Dinge, die du leistest und wenn es nur ***vermeintliche Kleinigkeiten sind.*** Ein gesunder Stolz auf unsere Leistungen verleiht uns zugleich mehr **Bedeutung**. Das fühlt sich gut an und lässt uns ***strahlen***. Es sind wie immer die kleinen Dinge im Leben, die das Leben lebenswert machen.

Tipp 8: Haltung

Schultern nach hinten, Kopf nach oben: Nimm den Raum ein und gehe stolz durch die Welt, ohne dabei natürlich zu übertreiben. "**Man kann nicht nicht kommunizieren**", so das bekannte Zitat eines Kommunikationswissenschaftlers. Dieses Zitat dürfte dir vielleicht schon klarmachen, wie wichtig ***Kommunikation*** in unserem Leben und Alltag ist und wie wichtig dementsprechend auch die kleinen ***Signale und Gesten des Alltags*** sind.

Daher ist es gut, darauf fokussiert und konzentriert zu sein, denn wer achtet schon häufig auf die Körpersprache, wenn er mit Menschen kommuniziert oder zusammen ist? Du vielleicht nicht, doch die Menschen um dich herum werden dich sehr wohl anhand deiner **Körpersprache** und mithilfe **non-verbaler Kommunikation** wahrnehmen.

Tipp 9: Potenziale

Was man betrachtet und was man sieht, das sind zwei verschiedene Dinge. Was will mir diese philosophische Aussage sagen? Dass es einen **Unterschied** gibt, zwischen dem, ***was dein Auge wahrnimmt*** und dem, ***was du darin siehst***.

Dein Auge ist für die **Wahrnehmung** verantwortlich, dein Gehirn jedoch für die **Interpretation**. Im Leben ist dies ähnlich. Gerätst du in eine missliche Situation und in Probleme, dann wirst du zunächst vermutlich ***panisch und negativ*** reagieren, weil du das in dieser Situation immer so gemacht hast, weil du negative ***Erfahrungen*** gemacht hast und dich nun daran erinnerst.

Doch es ist kein Muss, dass du dieselben unbequemen Situationen immer ***gleich bewerten*** und sehen musst. *Warum bereitet mir das Probleme? Was genau verschafft mir das Problem? Wie meistern andere Menschen dieses Problem?* Diese Fragen und deren Beantwortung können dabei helfen, dir eine **neue Sichtweise** zu ermöglichen, die dein **Leben bereichern** wird.

Denn nur, weil dein ***Körper ängstlich reagiert*** und nur, weil etwas oftmals auf eine bestimmte Art und Weise so war, muss das nicht heißen, dass es künftig immer so sein wird oder sein muss. Der Schlüssel zur Lösung liegt in deinen **Gedanken** und in deiner **Perspektive**.

Tipp 10: Verantwortung

Hältst du dich für ein Opfer des Schicksals, für eine Geisel der Umstände um dich herum? Dann klammerst du dich womöglich manchmal an Aussagen wie *"Ich habe immer Pech", „Es sollte nicht sein".* Denn diese Aussagen implizieren, dass du dein ***Leben nicht in deiner eigenen Hand*** hast.

Ist es allerdings hilfreich, wenn wir die **Schuld für Missgeschicke** nicht uns, sondern "***höheren Kräften***", dem Universum geben? Sicherlich gibt es viele Dinge im Leben, die wir nur bedingt beeinflussen können. Dafür sollten wir die Dinge, die wir tatsächlich beeinflussen können, **verantwortungsvoll und bewusst** anpacken und betrachten.

Unsere **Probleme** werden nämlich häufig dann erst groß und gravierend, wenn wir sie ***vermeiden***, wenn wir ihnen aus dem Weg gehen wollen. Dann wachsen sie erst recht. Dann wird aus *etwas Übergewicht viel Übergewicht*, aus einem *nervigen Job* resultiert irgendwann die *Erschöpfung*, eine *schwierige Beziehung* macht uns *unglücklich*.

Es liegt nicht in den ***Händen der Götter***, es liegt zunächst in **unserer Macht** und es ist **unsere Verantwortung**, etwas an den Dingen zu ändern. *„Jeder ist seines Glückes Schmied“* ist hierbei das passende Sprichwort.

Eine **unbequeme, aber zutreffende Wahrheit**, die dazu führen sollte, dass du dich aus einer möglichen ***Lethargie*** befreist und ***dein Leben selbst in die Hand nimmst***. Deine *Ausstrahlung* wird davon ungemein profitieren.

Zwischenfazit

Sich auf die ***positiven Dinge des Lebens*** konzentrieren, das wahrnehmen, was gut ist und dies an andere weitergeben. Sich um das ***eigene Wohlbefinden*** kümmern, ***Erfolge wahrnehmen und feiern***. Sich von unangenehmen Dingen nicht allzu sehr aus der Ruhe bringen lassen.

Die ***Perspektive wechseln***, ***positive Haltung*** zeigen und niemals vergessen: ***Keiner ist perfekt!*** Dann hast du die Chance auf eine **positive Ausstrahlung** und deinem **Charisma** wird nichts im Wege stehen.

Das Gesetz der Anziehung bzw. der Resonanz

Den Begriff der **Resonanz** kennst du vielleicht bisher nur aus der ***Physik***.

Dort findet man Resonanz im Zusammenhang mit ***Schwingungen***. Schwingende Körper, man nennt sie auch Schwinger, können von außen zu Schwingungen *gezwungen* werden, sofern eine ***Energiezufuhr*** stattfindet.

Entspricht die ***Frequenz des Erregers*** gleichzeitig der ganz eigenen ***Frequenz des schwingenden Körpers***, erreicht die Amplitude der Schwingung ihr ***Maximum***, was man wiederum als **Resonanz** bezeichnet.

Diese physikalische Formel lässt sich auch auf unseren Alltag übertragen. Dabei besitzen **Menschen** selbst natürlich eine eigene **Schwingung**. Zudem haben besonders ***sensible und empathische Personen*** oftmals auch das Gefühl, „***Vibes***“ von anderen Menschen spüren zu können.

Schwingungen spielen in unserem Alltag, sowohl auf ***physikalischer*** als auch auf ***zwischenmenschlicher Ebene*** eine große Rolle. Das **Resonanzgesetz** ist eine *Erweiterung* dieser Idee und besagt zusammengefasst, dass wir mit unserer eigenen Schwingung, mit unseren ***Gedanken, Ideen und Einstellung*** zwangsläufig etwas ***Ähnliches und Identisches anziehen*** werden.

Dieses Gesetz kann als Beispiel dafür dienen, wie die ***Qualität und Beschaffenheit deiner Gedanken*** dein Leben beeinflusst.

Autoren und Motivationsredner benutzen dieses Resonanzgesetz daher auch, um den Zusammenhang zwischen **positiven und negativen Gedanken** und ***Erfolg*** im Leben aufzuzeigen.

Welche Rolle spielt Resonanz für eine positive Ausstrahlung und Charisma?

Ganz einfach: Es ist praktisch unmöglich,

charismatisch und *erfolgreich* durch das Leben zu gehen, dazu eine *positive Ausstrahlung* nach außen hin zu zeigen, aber innerlich von zahlreichen *negativen Gedanken* dominiert zu werden.

So wie es also einen Zusammenhang zwischen Selbstbewusstsein und Charisma gibt, so gibt es ihn auch im Kontext mit dem **Gesetz der Anziehung**. Denn Charisma kann nur dort wachsen und auch ausgestrahlt werden, wo ***positive Gedanken*** ihren Platz haben.

Aus diesem Grund soll dir das Gesetz der Anziehung nun nähergebracht werden.

Seinen Ursprung hat dieser Begriff übrigens im sogenannten **New Thought Movement**, welcher in den Vereinigten Staaten entstand. Diese ***Neugeist-Bewegung*** wurde vor allem durch *Hicks* und *"The Secret"* populär und dadurch auch das besagte **Gesetz der Anziehung**.

Solltest du mit diesem Gesetz nichts anfangen können, so hast du sicherlich schon eines der *folgenden Zitate* gelesen oder gehört. Sie alle sagen etwas anderes aus und doch ist die ***gemeinsame Botschaft*** dieser Zitate ähnlich.

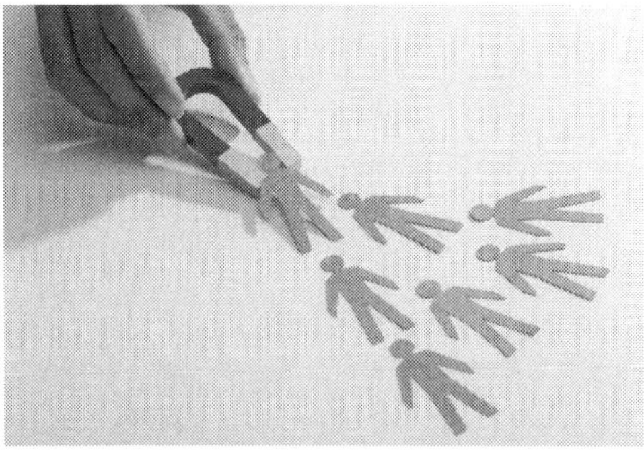

Sie alle sagen in irgendeiner Form das aus, was auch das **Gesetz der Anziehung bzw. Resonanz** aussagen möchte. Anhand dieser Zitate kannst du teilweise also schon ableiten, was dir hier mit diesem Text aufgezeigt werden soll.

"Gleiches zieht Gleiches an"
"Gleich und gleich gesellt sich gern"
"Wie man in den Wald hineinruft, so schallt es heraus"
"Wie man sich bettet, so liegt man"
"Du wirst das, woran du am meisten denkst"
"Du ziehst nicht das an, was du willst. Du ziehst das an, was du für wahr hältst"

Auch ist ein Zitat überliefert, das in etwa folgende Botschaft vermittelt: *"Pass auf deine* ***Gedanken*** *auf, sie werden zu deinen* ***Worten****. Pass auf deine Worte auf, sie werden zu deinen* ***Taten****. Pass auf deine Taten auf, denn sie werden zu* ***Gewohnheiten****. Pass auf deine Gewohnheiten auf, denn sie formen deinen* ***Charakter****. Gib auf deinen Charakter Acht, denn aus ihm ergibt sich dein* ***Schicksal****".*

All diese Zitate sind auch irgendwie mit dem ***Karma-Prinzip*** und mit dem bereits beschriebenen ***Schmetterlingseffekt*** verwandt. So wie du agierst, aktiv denkst, handelst und lebst, so wird es in irgendeiner Form auch zu dir zurückkommen.

Dieses inoffizielle Gesetz prägt sich im Leben in zwei Formen aus. Einerseits bewirkt dieses Gesetz, dass wir durch diese **Gleichschwingung** *Dinge und Menschen an uns ziehen.*

Andererseits hat es aber auch noch eine ***logische Konsequenz***: wir können nur das wahrnehmen, wozu wir *in Resonanz gehen*, sprich, wir können nur mit dem in

Kontakt kommen, womit wir in Resonanz sind.

Was auch immer du dir in deinem Geist durch Gedanken und Gefühle vorstellst, sei es *bewusst oder unbewusst*, wirst du ***wie ein Magnet an dich ziehen***.

Worauf du dich **innerlich**, in der Welt deiner Gedanken fokussieren wirst, das wirst du auch **äußerlich** in deiner Welt erfahren. Je mehr du in deinen Gedanken fühlst, desto stärker ist auch die ***Anziehung*** an das Vorgestellte.

Zu vergleichen ist dieses Prinzip mit der **Beschaffenheit eines Radios**. Ein Radio kann ***bestimmte Programme*** empfangen, jedoch ***nicht alle***. Fernsehprogramme sind damit beispielsweise natürlich nicht empfangbar.

Eine **Stimmgabel** hat hingegen ebenfalls nur ihren ***einen Ton***, in dem sie schwingt und mit dem sie ***in Resonanz*** geht. Auf andere Töne reagiert die Stimmgabel nicht.

So ist es auch mit uns **Menschen**: Wir haben verschiedene Stimmgabeln in uns und folglich ziehen wir auch ***nur bestimmte Töne*** an. Auf diese Weise ergibt sich die Welt um uns herum.

Das Gesetz wird dann **aktiv**, sobald ***Gedanken ausgesandt*** werden. Es gibt dabei ***keine Pausen*** und auch ***keine Ausnahmen***. Daraus ergibt sich, dass dieses Gesetz Auswirkungen auf unser **Leben** und auf verschiedenste Bereiche unseres Lebens hat.

Gesundheit, Beziehungen, Geld, Beruf – es gibt logischerweise kaum einen Bereich, in dem dieses Gesetz nicht wirken wird, denn Gedanken sind natürlich ***immer und überall*** involviert. Gedanken beeinflussen dein ganzes Leben und jedes einzelne Erlebnis. Dein **Leben** ist eine ***Manifestation deiner Gedanken und Gefühle***, was dir zeigen sollte, wie mächtig und kraftvoll dieses Gesetz ist.

Daher ist es logisch, dass du **dich und deine Gedankenwelt verändern** musst, wenn du auch ***dein Leben verändern*** willst. Das ist nicht nur vonnöten, um positive Gedanken haben zu können, sondern natürlich auch dafür, um ***Charisma*** zu spüren und um es nach außen hin zeigen zu können.

Eine ***Volksweisheit*** untermauert dieses Gesetz noch zusätzlich: *"Verändere dich und es verändert die Welt."*

Wichtig ist es, zu verstehen, wie dieses Gesetz aufgebaut ist und wirkt. Es unterscheidet nämlich nicht zwischen **positiven und negativen Gedanken**. Es arbeitet sozusagen nicht für dich, es ist ***neutral***, so wie es das *Universum* ist.

Du bist der Mensch, der Gedanken und Gefühle hat, der ***wertet*** und ***glaubt*** und daher ist es deine Aufgabe, dieses Gesetz *zu deinen Gunsten* zu nutzen.

Negative Gedanken werden dafür sorgen, dass du ***negative Ereignisse*** und Umstände anziehst. **Positive Gedanken** werden hingegen dafür sorgen, dass du in ***positive Begebenheiten*** gerätst.

In diesem Zusammenhang kann ein weiteres Zitat herangezogen werden: "*Er, der glaubt, er könne etwas und er, der glaubt, er könne etwas nicht – sie beide haben normalerweise recht.*"

Das **Universum** ist ***neutral und funktional***, daher lässt es jede ***subjektive Wertung*** zu und jede Wertung eines Individuums wird dadurch wahr. Diesem Gesetz ist es auch egal, ob Gedanken ***bewusst oder unterbewusst*** ausgesandt werden, oder ob man an das Gesetz glaubt, oder nicht.

Gedanken beeinflussen unseren ***Alltag*** erheblich und genau deshalb ist es auch so wichtig, **Herr seiner eigenen Gedanken** zu sein.

Falls dir dieses Gesetz absurd vorkommt oder du nicht an die Existenz glaubst, dann lass dir gesagt sein, dass dieses Gesetz in der **Medizin bzw. Psychologie** bereits genutzt wird. Der ***Placebo-Effekt*** ist deshalb so populär, weil er oftmals so ***effektiv*** ist.

Menschen können durch ihren **Glauben und Willen** unglaublich viel bewegen. Auch der ***Teufelskreis der Angst*** oder die Tendenz, in zwischenmenschlichen Beziehungen ***Angst vor dem Verlassenwerden*** zu haben, steht mit dem Gesetz der Resonanz unmittelbar im Zusammenhang.

Denn wenn du auf eine bestimmte Angst so **fokussiert** bist, dann ist es sehr wahrscheinlich, dass sie gerade deshalb eintritt. Dein Fokus auf die Angst sorgt dafür, dass ihre ***Rolle und Relevanz*** gerade wächst, obwohl du eigentlich das Gegenteil erreichen willst.

Das hat auch mit der **Umkehrpsychologie** zu tun. Wenn du den Satz: *"Denke nicht an einen pinken Elefanten!"* liest, ist die Wahrscheinlichkeit groß, dass du dies bereits getan hast.

Vermeintliche **Verbote** wirken also *magisch* auf die Psyche und die eigene Vorstellung. Deshalb wird **Angst meistens Realität**, wenn man sie selbst umso größer macht. Deshalb erschaffen sich Menschen oftmals *umso mehr Probleme*, wenn sie panische Angst vor dem *Verlassenwerden* haben.

Durch ihre zumeist **irrationale Angst** beeinflussen sie ihre ***Umwelt*** und ihre ***Taten*** unterbewusst so, dass sie ihre Gedanken und ihr Leben zugunsten der Angst lenken werden, da darauf der Fokus liegt. Die Folge: Man wird ***misstrauischer***, sieht ***Probleme und Befürchtungen***, die es eigentlich gar nicht gibt und die man auch nicht hätte, wenn die Angst in einem nicht so *dominant* wäre.

Diese Menschen haben in ihrem Leben und in ihrer Vergangenheit oftmals **schlimme Erfahrungen** gemacht und wurden von nahestehenden Personen schwer verletzt. Meistens waren sie noch ***zu jung***, um diese ***Emotionen angemes-***

sen zu verarbeiten oder auszuhalten. Ihre Gedanken überfluteten ihren Verstand.

Sollten sie diese Gedanken und die Erlebnisse niemals aufgearbeitet haben und haben sie es nie gelernt, diese ***realistisch zu bewerten*** (diese Erlebnisse waren nicht "*normal*", sie haben nichts mit dir oder deinem *Wert* zu tun, sie haben keine direkte Bedeutung für dein eigenes Leben oder deine Beziehungen, die Angst vor der *Ohnmacht des Verlassenwerdens* ist eigentlich schlimmer, als das Verlassenwerden selbst, was zum Leben dazugehört und meistens sogar *neue Kräfte* freisetzt), dann wird die **Magie und Macht der Gedanken** für den ***Wiederholungszwang*** sorgen, also dafür, dass jene Ereignisse, die eigentlich vergessen werden sollen, immer und immer wieder ***präsent*** werden.

Wie beim **Teufelskreis der Angst** (das Erleben und Spüren der Angst führt bei *Passivität* gerade dazu, dass die Angst *noch intensiver* wird), werden ***negative Gedanken noch negativere Gedanken anziehen*** und ***positive Gedanken fördern wiederum positive Gedanken.***

Diese eben beschriebenen **Negativbeispiele** zeigen dir eindrucksvoll, welche ***Macht*** Gedanken über dein Leben haben können. Dass dies auch in die ***positive Richtung*** funktioniert, zeigen dir allerhand Persönlichkeiten aus dem öffentlichen Leben, die es geschafft haben, vermeintliche *Nachteile, Handicaps und Niederlagen* in *Siege und Erfolge* umzumünzen.

Dies trifft auf Sportler im Leistungssport, womöglich aber auch auf Politiker und andere Prominente zu. Sie hätten ihren Erfolg niemals erreichen können, wenn ihre **positiven Gedanken** nicht die ***Grundlage*** ihres Schaffens dargestellt hätten.

Da deine **Gedanken** auch für deine **Gefühle** verantwortlich sind, sind Gedanken nur ***umso wertvoller und wichtiger***. Schaffst du es, deine Gedanken in positive Bahnen zu lenken, dann wird auch deine Gefühlswelt davon *profitieren.*

Oftmals wachst du vielleicht auf und hast von Anfang an ein ***schlechtes Gefühl***, weil du vielleicht einen Albtraum hattest oder weil du vom Nachbarn und dessen

Rasenmäher geweckt wurdest. Startest du bereits mit ***negativen Gedanken*** in den Tag, ist es ziemlich wahrscheinlich, dass dein **gesamter Tag negativ** wird.

Gedanken können nämlich zu **Kettenreaktionen** führen, doch das kannst du *für deine Zwecke* ausnutzen. Wenn du dir nach dem Aufwachen nämlich vorstellst, für wen und was du in deinem Leben ***dankbar*** bist, dann wird dies ***positive Gedanken*** in dir erzeugen und der Strudel der negativen Gedanken endet womöglich.

Bis sich negative Gedanken im Übrigen manifestieren, kann einige Zeit vergehen. Daher ist genug Zeit vorhanden, um **sich seiner negativen Gedanken bewusst zu werden** und um diese negativen Gedanken durch positive zu ersetzen.

Zwar gibt es auch Beispiele, bei denen negative Gedanken schnell wirken, doch in der Regel zahlen sich negative oder positive Gedanken **langfristig** *negativ oder eben positiv* besonders aus.

"Gedanken werden Dinge", das ist der Glaubenssatz, der in diesem Zusammenhang vorherrschend sein sollte. Das Leben liegt ***in deinen Händen*** und sobald du dir über deine Gedanken bewusstwirst und sie ***bewusst beeinflusst***, kannst du dein **Leben verändern**.

Tipps für die Praxis

Auf dem Papier mag das alles ***plausibel*** klingen und doch ist es im Alltag mitunter **schwer**, positive Gedanken zu pflegen. Doch auch dies ist im Grunde genommen nur eine Gewohnheit und so kann es eine Weile dauern, bis du dich daran gewöhnt hast, positiv zu denken und nicht in alte Denkmuster zu verfallen.

Hierbei geht es im Übrigen nicht darum, verblendet zu sein oder Probleme einfach zu verdrängen bzw. sich diese ***schönzureden***. Zum Gesetz der Resonanz gehört unbedingt die **Fähigkeit, Dinge rational und nüchtern einschätzen** zu können, denn nur wer seine Situation analysiert und seine Probleme wahrnimmt, ist in der

Lage, wirklich ***positiv an einer Lösung zu arbeiten***.

Folgende **Tipps** können weiterhin helfen:

Achte im Alltag auf deine Gedanken und auch auf das, was du sagst.

Wenn du etwas machst, dann konzentriere dich darauf, das mit Leidenschaft zu machen. Denn so lässt sich das Gewünschte leichter und vor allem mit mehr Freude erreichen.

Wollen statt nicht wollen.

Der zuletzt beschriebene Tipp geht auf die sogenannte **"Will-nicht"-Epidemie** zurück. Demnach denken Menschen viel zu sehr an das, was sie nicht wollen, anstatt an das zu denken, was sie wollen.

Das Problem hierbei ist nur, dass das **Gesetz der Anerkennung** zwischen ***wollen*** und ***nicht wollen*** keinen Unterschied macht. Es manifestiert sich an dem, *was gedacht wird*, nicht daran, was man will.

Das heißt: Wenn man sich zu sehr auf das konzentriert, was man nicht will, dann kreisen die Gedanken um das **Nicht-Wollen** und es ist wahrscheinlich, dass ***eben jene Ereignisse*** eintreten. Dieses Phänomen wurde oben ja bereits beschrieben.

Bist du beispielsweise spät dran und es ist wichtig für dich, dass du pünktlich erscheinst, dann ist es nicht sehr zielführend zu denken: *"Ich will nicht zu spät kommen!"* Denn dann werden sich deine Handlungen und Taten ***unbewusst*** damit befassen, dass du zu spät kommen wirst. Dein Fokus liegt dann auf dem zu spät kommen, obwohl du das ja gerade *nicht willst.*

Der Glaubenssatz *"Ich komme pünktlich an"* wäre in diesem Fall ***sinnvoller***, da er sich nicht mit dem *Versagen* beschäftigt. Ähnlich verhält es sich mit den Sätzen *"Ich will nicht krank werden"* (stattdessen: *"Ich bin gesund"*) oder *"Ich will nicht streiten"* (stattdessen: *"Ich lebe mit anderen in Harmonie"*).

Nochmals: Hierbei geht es nicht um **Verdrängung oder Verleugnung**. Wenn du bereits schnupfst und hustest, wird es wenig sinnvoll sein, dir einzureden, dass du *nicht krank* bist. Wenn eine *Diskussion unvermeidlich* ist, dann wird es nicht zielführend sein, von *Harmonie und Frieden* zu sprechen.

Viel mehr sind dies Grundsätze und Grundlagen, die für dein Leben generell gelten sollen und ***nicht erst dann, wenn es zu spät ist*** und eine bestimmte Situation eingetroffen ist.

An dieser Stelle möchte ich dich noch beruhigen: Es ist wichtig, seine **Gedanken einigermaßen unter Kontrolle** zu haben. Es ist jedoch nicht nötig und auch nicht möglich, all seine Gedanken und Gefühle zu ***kontrollieren***. Laut *"The Secrets"* haben wir pro Tag ***60.000 Gedanken***. Wie sollte man diese Flut jemals kontrollieren?

Wie hilft dir dieses Wissen im Zusammenhang mit **Charisma** weiter? Mit ***positiven Gedanken*** wirst du schlussendlich dafür sorgen, dass du Menschen in dein Umfeld holst, die ***dasselbe Gedankenmuster*** besitzen, wie du es besitzt. Die Frequenzen der Gedanken gehen sozusagen miteinander in **Resonanz**.

In **Partnerschaften** finden wir uns häufig mit Partnern vor, von denen wir glauben, dass wir sie ***verdient*** haben. Ist unser Gedankenmuster daher positiv, werden wir positive Menschen ***sympathisch*** finden und uns gar nicht erst auf negative Menschen einlassen, weil wir mit deren Gedanken nicht klarkommen werden.

Das Zitat *"Du bist der Durchschnitt der fünf Personen, mit denen du dich am häufigsten umgibst"* zeigt dir im Umkehrschluss die ***Relevanz*** dieser Regel: Bist du nur von *negativen Menschen* umgeben, dann ist die Gefahr groß, dass du dich von ihnen ***anstecken*** lässt.

An diesem **Gesetz der Anziehung** wird oft kritisiert, dass Menschen dadurch zu ***Träumereien*** veranlasst werden. Dass sie ihr Leben träumen, sich positive Dinge visualisieren und dadurch die *Motivation verlieren*, diese in die Tat umzusetzen.

Daher lass dir diesbezüglich Folgendes gesagt sein: Es ist wichtig, positiv zu denken und an die eigenen Gedanken zu glauben. Deshalb sollte man aber **das Tun nicht vergessen**.

Denn bist du nur jemand, der sich schöne Dinge ausmalt und sie durchdenkt, dann bist du letzten Endes nur ein ***Träumer***. Denkst und handelst du aber gleichzeitig, dann bist du in der Lage, ein ***Visionär und Pionier*** zu werden.

Nur ***träumen, ohne zu handeln***, das wird dir nichts bringen. Nur zu ***handeln, ohne seine Träume zu berücksichtigen***, das wird dich langfristig auch nicht glücklich machen. Außerdem sei hier erwähnt, dass Gedanken zwar mächtig sind, auf alles im Leben haben sie aber auch keinen

Einfluss.

Ist eine **Grundlage** erst einmal geschaffen, dann helfen positive Gedanken im Leben garantiert weiter. Kinder in Afrika erleben aber kein Leid, weil sie stets negativ denken. Kranke Menschen sind nicht immer krank, weil sie zu negativ gedacht haben. Manche Dinge im Leben waren **bereits gegeben** und können ***nur bedingt beeinflusst*** werden. In welche ***Familie*** wir hineingeboren werden oder unter welchen ***Umständen*** wir geboren werden oder leben, darauf haben unsere Gedanken **keinen Einfluss**.

Was wir aus unserer jeweiligen Situation jedoch machen, dafür sind unsere Gedanken durchaus **verantwortlich**. Nur mit ***positiven Gedanken und Selbstvertrauen*** ist auch die Existenz von **Charisma** möglich.

Im nächsten Unterkapitel möchte ich dir einige persönliche Worte mit auf den Weg geben, die dir zeigen und symbolisieren sollen, wie eng **Charisma** mit der ***Beziehung zum eigenen Selbst*** verbunden ist.

Dabei macht es uns unsere heutige Zeit **nicht immer leicht**, unser Selbst zu beherrschen, positive Gedanken zu haben und uns daher nicht vom ***richtigen Weg*** abdrängen zu lassen.

Die ***Kommunikation*** von heute, die ***Schnelllebigkeit***, die moderne ***Leistungsgesellschaft***, all das können **Hürden auf deinem Weg** sein, die natürlich auch dafür sorgen können, dass die Sache mit dem Charisma etwas komplizierter wird. Denn alle Formen von **Angst, Druck und Stress** sorgen natürlich dafür, dass deine Selbstverwirklichung etwas *komplizierter* wird.

Das ist aber natürlich kein Grund, sich dem einfach kampflos hinzugeben. Umso wichtiger ist es, den **Fokus nicht zu verlieren**. Der Glaube an die ***eigene Stärke***, der Glaube an die ***eigene Fähigkeit*** und die ***Überzeugung***, für die man einsteht – all das sollte man nie und niemals verlieren.

Und sollte es Situationen im Leben geben, in denen man daran ***zweifelt*** und diese

Überzeugungen zu ***verlieren*** scheint, dann ist es umso wichtiger, dass sie nach der Schlacht **zurückkehren** und umso schillernder in dir strahlen.

Der Weg zum Charisma ist der Weg zu sich selbst - Über die wahre Liebe, die Liebe zu sich selbst

Du erhältst in diesem Ratgeber viele **Tipps und Tricks** und lernst, was **charismatische Menschen** auszeichnet. Wie denken sie, wie gehen sie mit Fehlern um, mit welchen Eigenschaften bestechen sie? Was macht Charisma aus, wie lassen sich die Begriffe **Ausstrahlung und Charisma** überhaupt erklären?

Dabei versuche ich dir immer wieder zu erklären, dass auswendig lernen in diesem Zusammenhang schwierig werden wird, denn **Charisma** ist nichts, dass man sich ***eben mal so*** aneignet.

Natürlich gibt es Tipps, die sich schnell und auch unkompliziert umsetzen lassen und doch wirst du wenig bewegen können, wenn du nur ein wenig an der **Haltung** arbeitest. Dies kann *ergänzend* wirken und ergibt sicherlich Sinn, doch einen ***inneren Wandel*** in dir wird das allein sicherlich nicht verursachen.

Der Weg zum **Charisma** ist vor allem der ***Weg zu sich selbst*** und meiner Meinung nach ist Charisma ***in jedem Menschen*** vorhanden. Es ist aber die Verantwortung eines jeden Menschen, dafür zu sorgen, Charisma zu *zeigen*, es zu *fördern* und überhaupt zu *entscheiden*, ob man Charisma *nach außen ausstrahlen* möchte, oder nicht.

Es ist durchaus möglich, dass sich charismatische Menschen ***verschließen***, weil sie nicht an sich glauben oder aus verschiedenen Gründen nichts aus sich machen wollen. Das ist deren Entscheidung, doch in diesem Fall wird **Potenzial verschenkt**.

Mit diesem Text möchte ich dir helfen, deinem ***Charisma*** und damit gleichzeitig auch dir selbst ***näher zu kommen***. Denn heutzutage, in unserer Zeit und auf unserem Planeten gibt es einige **Hürden und Herausforderungen**, die unserem Potenzial und Charisma in der Tat im Weg stehen können.

Vielleicht hilft dir dieser Text, einige **Schwierigkeiten** wahrzunehmen und sich Tipps anzueignen, um diese ***bestmöglich zu umgehen***.

Wichtig ist zunächst, dass es hierbei um eine **echte Liebe zu sich selbst** geht, die nichts mit *Selbstverliebtheit* zu tun hat. Wenn du über dich bisher schlecht dachtest, dann wird sich dies unter anderem ***unbewusst*** manifestiert haben.

Damit dauert es automatisch eine Weile, bis sich diese Prägung löst und bis du es verinnerlicht hast, ***positiver*** und mit mehr ***Selbstakzeptanz*** durch das Leben zu gehen.

Keiner kann **Glaubenssätze und Verhaltensweisen** also innerhalb von Stunden oder Tagen ***grundlegend verändern***. Doch jeder deiner Gedanken könnte ausschlaggebend dafür sein, dass du einen ***Wandel*** vollziehen möchtest.

Dennoch ist der **Weg zu mehr Selbstliebe** ein ***Weg***, vielleicht auch ein ***Marathon*** und nicht gerade ein ***Sprint***, um diese Metapher aus der Leichtathletik zu nutzen. Aller Anfang ist schwer und darum ist es umso wertvoller, dass du für dich überhaupt ***erkannt*** hast, etwas ***ändern zu wollen*** und dass die Änderung mit dir beginnt.

Viele Menschen nehmen nicht einmal wahr, dass sie sich selbst im Wege stehen und dass es nicht allein **das Leben per sé** ist, dass ihnen ***Steine in den Weg legt***.

In diesem Zusammenhang kommt mir eine Karikatur in den Sinn, die ich neulich betrachtet habe. Es war das Bild eines **Pferdes**, das an einen ***Plastikstuhl angeleint*** war. Das Pferd wäre locker im Stande gewesen, sich vom Stuhl zu lösen. Das Bild war versehen mit dem Spruch: *"Manchmal ist die Sache, die dich zurückhält, auch einfach nur in deinem Kopf vorhanden."*

Und so sind wir alle manchmal diese Pferde, die sich von etwas aufhalten lassen, das eigentlich ***gar nicht existiert*** und das durch unser **eigenes Denken**, durch unsere **eigenen Ängste** entstanden ist.

Zu verstehen, ***was einen zurückhält*** und warum man sich manchmal selbst zurückhält, ist ein **erster wichtiger Schritt**, um etwas ändern zu können.

Ich schreibe deshalb von einem **echten Wandel**, von einem *Weg des Lernens*, weil es heutzutage auch **falsche Selbstliebe** gibt, die viele Menschen beherrscht und das Leben für alle *komplizierter* macht.

Wir leben in einer **Zeit des Narzissmus**, in der wir alle ***scheinbar selbstverliebt*** sind, aber Selbstliebe ***doch irgendwie nicht*** besitzen. Wir posten Bilder auf *Facebook*, *Snapchat* und *Instagram* und erhoffen uns, dass wir ***Anerkennung, Neid, Lob*** für unser Essen, für unsere Reisen oder für unser Aussehen erhalten.

Wir **erschaffen Bilder und Eindrücke**, um anderen zu vermitteln, wie gut es uns geht und wie exklusiv unser Leben ist. Doch während wir das tun, vergessen wir im Prinzip, für uns selbst zu leben und etwas zu ***erleben***, um sich später einmal daran erinnern zu können. Heute lassen wir das Erleben einfach weg und konzentrieren uns auf das Erinnern, indem wir tausend Fotos schießen, ***den Moment aber verpassen***.

Narzissten sind Menschen, die ***andere abwerten*** und ***sich dadurch aufwerten***. *Narziss*, die namensgebende Figur der griechischen Geschichte, starb einst, weil er sein *eigenes Spiegelbild* anschmachtete, es jedoch nicht besitzen konnte.

Und so haben **Narzissten** einen *schlechten Zugang zu sich selbst*, inklusive ***Minderwertigkeitskomplexen***, die sie durch ***Sucht nach Großartigkeit und Größenwahn*** ausgleichen.

Dabei können Narzissten durchaus **charmant** sein. Wer unter einer ***narzisstischen Persönlichkeitsstörung*** leidet, der leidet unter einer ernst zu nehmenden **Krankheit**, daher möchte ich nicht allen Menschen Erkrankungen attestieren.

Narzisstische Tendenzen sind in unserer *modernen Gesellschaft* dennoch wahrnehmbar. In einem gesunden Maße ist gegen einen ***Tropfen Narzissmus*** auch nichts einzuwenden. Wenn daraus dann aber *US-Präsidenten* werden, weil sie andere in ihren Bann ziehen und *Ängste schüren*, wird die Angelegenheit ***kritisch***.

Und so siehst du bereits, was eine **falsche Form der Selbstliebe** anrichten kann. Es geht hierbei also nicht darum, jemand zu sein, der man gar nicht ist. Es geht nicht um ***Schauspiel*** und nicht darum, sich Selbstliebe ***auf die Fahne zu schreiben***.

Es geht um eine **ehrliche Auseinandersetzung** mit sich selbst, es geht um **Reflexion** und letztlich darum, die **eigenen Fehler** zu akzeptieren und lieben zu lernen, statt so zu tun, als würde man *keine besitzen.*

Eine weitere Hürde in der heutigen Zeit ist die Art, wie wir kommunizieren. Die **Kommunikation** mit Smartphones und sozialen Medien ist ***nicht sozialer*** und auch ***nicht smarter*** geworden, im Gegenteil. Sie ist unkompliziert und auch schnell, doch eher ***umständlich*** und auch ***nicht geschickt***.

Missverständnisse entstehen, Smileys ersetzen *Emotionen*, das geschriebene Wort ersetzt *Gesichtsausdrücke, Mimik und Gestik*. Wir verschicken uns Sprachnachrichten, warten Tage und Wochen auf Antworten, *vergessen*, was wir eigentlich gesagt haben, was gesagt wurde oder was wir sagen wollten. Das beeinträchtigt unsere ***Beziehungen***.

Die **Globalisierung** gibt uns unendlich viele ***Möglichkeiten und Chancen***, doch statt, dass dies unser Leben bereichert, macht es das eher ***komplizierter*** und überfordert uns. *Die Schnelllebigkeit unseres Seins überfordert uns.*

Das **Internet, die sozialen Medien, auch die Nachrichten** - all das ist ein Abbild dessen. Ein ***Verfall von Werten***. Die Rolle von ***Beziehungen*** ändert sich, bei vielen ändert sich auch ein ***Verständnis von Heimat***.

Wir kommunizieren alle **mehr**, doch sind wir die Generation, die im Bus sitzt und **geschlossen** mit dem ***gesenkten Kopf*** auf die **Smartphones** schaut.

Macht uns das wirklich sozialer oder kommunikativer?

Am Ende des Tages stehen wir nicht selten **allein** da, entweder weil unsere ***Freunde und Verwandte*** weit weg wohnen oder weil wir Freunde sogar ganz *aus den Augen verloren* haben. Ich selbst muss es managen, meinen Freundeskreis, der sich nach Belgien, Ost- und Süddeutschland verteilt hat, ab und zu zusammenzubringen.

In dieser Zeit kann man das **Gefühl für das Wesentliche** und vor allem das **Gefühl für sich selbst** schon mal verlieren.

Das Gefühl für die *Zeit*, die Art unserer *Kommunikation*, zwischenmenschliche *Beziehungen, soziale Normen, Aufmerksamkeit und Konzentration*, all das wird durch unseren Umgang mit Medien erheblich beeinflusst.

Und so ist es umso wichtiger, heutzutage dagegen zu halten und manchmal bewusst zu **entschleunigen**.

Du musst nicht jeden Trend mitmachen und du musst dich nicht dem Druck aussetzen, ***sofort erreichbar*** zu sein und auf Nachrichten innerhalb von Sekunden zu antworten.

Man muss nicht immer ***das Neuste haben*** und jede Nachricht aus jedem Winkel der Welt kennen, um ein guter Mensch zu sein.

Man kann kein ***Experte auf jedem Gebiet*** sein, auch wenn man das manchmal sein müsste und sollte, wie es scheint.

Wir sollen uns ***perfekt ernähren*** und am besten vegan leben. Wir sollen ein Auge auf unsere ***Mülltrennung*** achten.

Wir müssen unseren ***ökologischen Fußabdruck*** verkleinern und am besten ganz auf Automobile verzichten.

Wir müssen, sollen und können. Das ***bewusste Leben*** ist richtig und wichtig, doch würde es für den Beginn reichen, sich auf eine Sache zu konzentrieren. Es ist wichtig, zu verstehen, dass wir diesen **Planeten** ***von unseren Nachfahren geliehen*** und *nicht von unseren Vorfahren geerbt* haben.

Von diesem Standpunkt aus lassen sich gewisse Dinge dann ***verändern***. Ich möchte dich hiermit nicht zum Fasten oder zur Smartphone-Diät zwingen. Es kann viele Möglichkeiten geben, auf den **Boden der Tatsachen** zurückzukehren und zu **entschleunigen**.

Es ist eigentlich unser Privileg, dass wir es nicht merken, wie sich die ***Erde mit etwa 1.660 km/h um die eigene Achse dreht*** und auf dem Weg um die Sonne auf stolze 107.000 km/h beschleunigt. Und doch habe ich oft den Eindruck, dass wir doch davon Wind bekommen, weil unser **Alltag ähnlich schnell** ist.

Weil wir uns nicht in die Richtung der Erde bewegen, sondern genau ***in die andere Richtung***. Wir verzichten auf ***Konstanz, Stabilität und auf Traditionelles***, um dem Wahn zu folgen, alles müsse immer **schneller, teurer, besser und neuer** sein.

Ob du nun meditierst, eine Handy-freie Zeit einführst, dir bewusst Zeit für dich selbst nimmst, fastest, eine Diät ausprobierst, auf vegane oder auf Bio-Ernährung setzt oder regelmäßig in die Natur gehst, um dort zu wandern oder um dort Urlaub zu machen - Möglichkeiten gibt es genug, doch du musst sie nutzen, um den ***Kontakt zu dir selbst und zu den wesentlichen Dingen des Lebens*** nicht zu verlieren.

Der **Herr der Lage** werden und in einer Zeit, in der mit dem Strom schwimmen nicht immer hilfreich ist, auch **mal gegen den Strom schwimmen** - das ist heutzutage unter anderem nötig, um den Weg zu

Selbstverwirklichung, ***Mut***, ***Optimismus***, ***Unabhängigkeit***, ***Selbstbewusstsein*** und schließlich auch zu ***Charisma*** anzutreten.

Die moderne ***Leistungsgesellschaft***, die ***Digitalisierung*** und ***Automatisierung*** verändern natürlich auch unsere Arbeitswelt und so könntest du dir Gedanken machen, ob du dich nicht zusätzlich mit einem **passiven Einkommen** absichern möchtest.

Täte dir ein zusätzliches Studium gut? Hast du Werbeplatz zu vermieten? Machen Aktienanlagen Sinn? Hast du die Chance auf Mieteinnahmen? Ist eine freiberufliche Arbeit für dich vielleicht besser? Gibt es eine Arbeit, die dich vielleicht nicht reicher, aber dafür gesünder und zufriedener macht?

Versuche, auch "**outside the box**" zu denken. Folge nicht nur dem ***Strom des Geldes***, verlaufe dich nicht in einem ***Hamsterrad***, welches dich allenfalls zum ***Burn-out*** führt.

Mach das **Beste für dich** und deine **Ge-**

sundheit. Pflege deine **Beziehungen**, denn laut neusten Studien werden die meisten Menschen im Alter krank, weil sie ***einsam*** sind.

Achte auf jeden Fall auf eine ausgewogene **Work-Life-Balance**, vergiss deine ***Freizeit*** und die ***Natur*** nicht. Junge Menschen werden heute geschult, sie bilden sich aus und studieren *um die Wette*, um schneller am Ziel zu sein. Solltest du das auch versuchen, dann solltest du dich manchmal fragen, was denn *"**das Ziel**"* ist.

Was ist das Ziel des Lebens?

Es gibt eine Institution, die wir uns alle im Leben teilen und das ist der **Tod**. Versuchen wir also schneller und besser zu sein, um uns dem Tod möglichst schnell zu nähern? Niemand hat etwas gegen ***Ehrgeiz*** und ***Ambition*** einzuwenden, doch manchmal sollte man sein *Vorgehen und seine Pläne hinterfragen.*

Viele Menschen haben ***Angst vor dem Tod***, doch viel mehr sollten wir manchmal **Angst davor haben, nie zu leben oder**

gelebt zu haben.

Nimm dir **Zeit für dein Leben**, lebe nicht, um zu arbeiten! Wenn eine Arbeit dein Leben bestimmt, brauchst du entweder eine *neue Arbeit* oder ein *neues Leben.*

Wenn es um **Hürden und Hindernisse** geht, die dir auf deinem Weg zu mehr ***Selbstvertrauen und Charisma*** im Wege stehen, dann müssen wir auch auf die **negativen Glaubenssätze und Überzeugungen** eingehen, die du von dir hast.

Diese Meinungen über uns selbst existieren ***im Stillen und Unterbewussten*** und oft merken wir gar nicht, wenn wir schlecht über uns reden oder uns nichts zutrauen. Es kann verschiedenste Gründe für **Minderwertigkeitskomplexe** geben und doch spielt unsere ***Beziehung zu den engsten Bindungspersonen*** dabei häufig eine Rolle.

Unsere ersten Erfahrungen mit den engsten ***Bindungspersonen*** bestimmen, wie sich unser **Verhältnis zu uns selbst** später gestalten wird. Auch weitere ***zwi-***

schenmenschliche Beziehungen werden von diesen ersten Beziehungen beeinträchtigt. Du könntest dir aus diesem Grund überlegen, wie du deine **eigene Kindheit** erlebt hast.

Konnten deine Eltern stets für dich da sein? Haben sie dir das Gefühl von bedingungsloser Liebe vermittelt? Haben sie es zugelassen, dass du Emotionen wie Wut, Trauer, Angst etc. zeigen und äußern kannst? Haben sie selbst diese Gefühle zugelassen? Haben sie ihre Liebe durch strenge Autorität ausgesetzt? Wurdest du, im Gegenteil, zu sehr verwöhnt?

All diese Dinge können sich darauf auswirken, wie du groß geworden bist und wie sich **dein Selbstbewusstsein** im Laufe deines Lebens entwickelt hat. Natürlich gibt es auch noch *viele andere Faktoren*, die dein Selbstbewusstsein geprägt haben.

Wurdest du beispielsweise **zu sehr verwöhnt**, dann kann es sein, dass du dir unterbewusst die Einstellung zugelegt hast, du müsstest für den Erfolg im Leben *nicht hart arbeiten* und alles würde *auto-*

matisch für dich und zu deinen Gunsten funktionieren. Du wirst das Gefühl bekommen haben, du seist ***etwas ganz Besonderes***, was deine ***Selbstdisziplin*** beschädigt haben könnte.

Andererseits wird **zu viel Autorität** dafür gesorgt haben, dass du dich von deinen Eltern vielleicht nicht ausreichend *distanzieren* konntest. Auch das wird deine Fähigkeit, loszulassen und sich ***frei zu entfalten*** behindern.

Haben deine Eltern in deiner Kindheit **nicht genug Zeit** gehabt, könnte sich in dir das Gefühl eingeprägt haben, du seist ***nicht wichtig genug***.

Diese **Glaubenssätze** werden sich an deiner *Meinung über dich selbst* ***manifestieren*** und sich auch an deinen eigenen *Beziehungen* ***widerspiegeln***.

Natürlich sind aber auch weitere **Ereignisse** in deiner Kindheit und Jugend wichtig. Auch andere **Bezugspersonen** können einen schließlich *positiv oder negativ* prägen. **Traumata** können auch durch Beziehungen im Erwachsenenalter bestehen und prägen. Auch wer in Schulzeiten gemobbt wurde, läuft Gefahr, diese **Opferhaltung** nie wirklich zu verlieren, sofern keine *gesunde Aufarbeitung* erfolgt. Nimm dir die Zeit, um darüber ***nachzudenken***.

Wie bist du aufgewachsen und von welchen Erfahrungen waren deine innigsten Beziehungen geprägt?

Ein Schritt zu mehr **Charisma** und zu sich selbst, ist die Fähigkeit, seine Eltern, seine Kindheit generell ***differenziert betrachten*** zu können.

Welche Schwierigkeiten tauchen in Beziehungen zu anderen immer wieder auf? Was sagt das über dich? Suchst du nach Autonomie, weil du früher zu sehr verhätschelt wurdest, oder bist du beispielsweise eher der Bindungstyp, weil du als Kind häufig Nähe vermisst hast?

Sich darüber bewusst zu werden, wird dir helfen, dich und deine **Bedürfnisse** zu verstehen. Dieses **innere Kind** nennt man in der Psychologie das **Schattenkind**, welches also ***negative Erfahrungen*** in sich vereint.

Das **Sonnenkind** hingegen ist das ***positive Pendant*** und repräsentiert die ***positiven Erfahrungen*** in deinem Leben. **Charisma** zu haben und auszustrahlen heißt, sich mit den positiven Anteilen in dir zu ***identifizieren***.

Letzten Endes sollte man auf jeden Fall keine Beziehung *brauchen*, um **glücklich** zu werden. Durch eine Beziehung hingegen **glücklich-er** zu werden, das ist natürlich erstrebens- und wünschenswert.

Im Leben ist es sinnvoll, das zu ***finden, was man liebt***. Das gilt für andere *Menschen*, aber auch für die eigene *Arbeit*. Die wahre Liebe ist die **Liebe zu sich selbst** und sie wird als Basis dafür sorgen, dass du dich ***frei entfalten*** und dein **Charisma** nach außen ausstrahlen kannst.

Zwischenfazit

Wie soll dich jemand anderes lieben, wenn

du dich selbst nicht liebst? Wie sollen dich andere Menschen mögen, wenn du dich selbst nicht magst?

Das ist durchaus ***möglich***, und zwar, wenn du für die *Liebe und Aufmerksamkeit* der anderen Menschen ***vieles, vielleicht sogar alles tun*** wird.

Du wirst am Ende gemocht werden, doch wirst du damit zufrieden sein?

Nein, weil dich andere Menschen zwar mögen, doch das **wahre Ziel** ist dir in diesem Zusammenhang dann gar nicht bewusst. Andere Menschen sollen dich nur deshalb so sehr mögen, weil sie ***dein eigenes schlechtes Verhältnis zu dir selbst kompensieren*** sollen.

Das ist aber schlichtweg nicht möglich. Durch diese Weise machst du dich zu einer ***Geisel der anderen Menschen***, zu einem ***abhängigen Teilchen***, das durch die Aussagen und Taten der anderen einfach ***verletzt und irritiert*** werden kann. Diese Art und Weise des Lebens wird dich **nicht selbstbestimmt** und damit letztlich auch

nicht glücklich machen.

Es gibt daher nur eine Möglichkeit:
Bevor du andere überzeugen und begeistern willst, solltest du bei dir selbst anfangen.

Der Titel dieser Lektüre lautet: *Wie du andere Menschen magisch anziehst.* Dies kann dir nur gelingen, wenn hinter deiner ***charismatischen und authentischen Fassade*** etwas **Menschliches**, etwas **Positives** liegt.

Positives Denken, eine eigene und ganz ***individuelle Einstellung*** und Sichtweise, ***Ehrlichkeit, Verletzlichkeit, Selbstvertrauen*** und die Fähigkeit, sich für andere Menschen zu öffnen und ihnen zu ***helfen***. Diese ganz **eigene individuelle Note an dir**, die dir selbst vielleicht noch gar *nicht bewusst* oder klar ist, wird wie von allein und *„magisch“* dafür sorgen, dass du das *Interesse von anderen weckst.*

Bist du hingegen **unsicher**, trägst du fast ausschließlich **negative Gedanken** in dir oder wirst du versuchen, dem anderen

krampfhaft zu gefallen, wird dies eher für das ***Gegenteil*** sorgen.

Positives Denken

Charisma, Karma, das Gesetz der Resonanz, Selbstvertrauen – was im Zusammenhang mit diesen genannten Begriffen eine Rolle spielt, das sind **positive Gedanken**.

Doch in einem ***stressigen Alltag*** kann es mitunter schwierig sein, sein Gedankenkorsett positiv zu gestalten. Kaum hat man seinen Gedanken ***unterbewusst*** Raum gelassen, sind sie da: *die Ängste, Befürchtungen, die negativen Gedanken, Stress, Wut oder Ärger.*

Aus diesem Grund kann dir der folgende Text weiterhelfen, denn er wird dir **Übungen und Tipps** präsentieren, wie du für **positive Gedanken** sorgen und wie du sie fördern kannst. Außerdem werden typische ***Fragen*** beantwortet, die aufkommen können, wenn positive Gedanken an der Tagesordnung sein sollen, dies aber nicht sofort wie gewünscht gelingt.

Übungen

Erste Übung: das Tagebuch der Dankbarkeit

Es kann eine effektive Übung sein, wenn du dir an jedem Abend ***zwei bis drei Minuten Zeit*** nimmst, um aufzuschreiben, wofür du an einem bestimmten Tag **dankbar** bist.

Auch hierbei soll es nicht darum gehen, dein Leben *künstlich schönzureden* oder die *perfekte Verblendung* zu planen.

Es geht darum, seine **Wahrnehmung** zu schärfen. Die Wahrnehmung, dass es trotz eines stressigen Tages in der Regel immer Dinge gibt, für die man ***dankbar*** sein kann und mögen sie auch noch so vermeintlich *unwichtig, marginal oder eigentlich selbstverständlich* sein.

Die eigene ***Gesundheit***, der Besuch eines ***Freundes***, ein lockeres ***Gespräch*** oder der ***genussvolle Kaffee*** am Morgen – es sind bekanntlich die kleinen Dinge und Freuden des Lebens, die einen **besonders glücklich** machen.

Gesundheit ist dabei natürlich keine kleine Sache, es ist viel mehr ***das Wichtigste im Leben***, auch wenn wir sie oft als *garantiert* annehmen.

Die **Wahrnehmung**, Dinge im Alltag zu ***schätzen***, wird irgendwann *automatisch* funktionieren und auf diese Weise wirst du ***zufriedener*** werden und deine Gedanken werden es ebenso.

Zweite Übung: die Momentaufnahme

Es ist kein Zufall, dass **Achtsamkeit** in allen möglichen Formen im *Trend* liegt. Achtsamkeit durch ***Yoga***, durch ***Medita-***

tion, durch verschiedene ***Apps***. Solange Achtsamkeit **aktiv und ernsthaft** betrieben wird, hat es wirklich seine Vorteile, seine *innere Mitte* zu finden.

Achtsamkeit kann schon betrieben werden, indem du bestimmte Momente deines Tages ganz **bewusst wahrnimmst**. *"Was ist gerade in diesem Moment, an diesem Ort ganz besonders gut?"* Das könnte die leitende Frage sein, wenn du **Achtsamkeit im Alltag** betreibst. Diese Frage und deren Beantwortung wird dir dabei helfen, ein bewusstes ***Leben im Einklang mit dir selbst*** zu führen.

Nach einer Weile lernst du das **Leben neu schätzen**, deine Gedanken werden **positiver** und das **Potenzial deines Charismas** kann sich frei entfalten. Während du dir diese Frage beantwortest, kannst du in dich hineingehen, etwas Gutes finden und dich darauf *fokussieren.* Gehe ruhig in das gute Gefühl hinein und *spüre es deutlich.*

Dein **Unterbewusstsein** wird diese **positive Sichtweise** irgendwann *automatisch* in dein Leben integrieren und du setzt einen

Gegentrend zum derzeitigen Lifestyle, der es vorschreibt, *immer besser, höher, weiter und schneller zu werden* und zu sein und gehetzt und zügig zum nächsten Moment im Leben zu springen.

Ohne Atempause, mit *dutzenden Bildern auf dem Smartphone*, aber ohne wirklich **im Hier und Jetzt zu leben**. Und das in einer Zeit, die an ***Schnelllebigkeit*** kaum zu übertreffen ist.

Wenn es heutzutage an **charismatischen Persönlichkeiten** oder an deren Entfaltung mangeln sollte, dann ist ein Übeltäter schnell gefunden: die ***Unfähigkeit*** der Menschen, ***im jetzigen Moment zu leben***.

Dritte Übung: Das Geheimnis des Lächelns

Eine dritte, sehr simple und doch gleichzeitig irgendwie komplexe Übung habe ich noch für dich auf Lager, um an der **Qualität deiner Gedanken** zu arbeiten. Es ist ***simpel und doch komplex***, weil es sich um **Lächeln** handelt!

Lächle deine Mitmenschen an und wenn niemand um dich herum ist, dann **lächle für dich selbst**. Es wird dein Gesicht ***entspannen*** und dem Gehirn das ***Gefühl*** vermitteln, du seist ***glücklich***, selbst wenn du es vielleicht nicht bist.

Wer sich ***innerlich*** gut fühlt, der wird dies auch ***nach außen ausstrahlen*** können. Wirst du andere Menschen anlächeln, dann wird die Antwort nicht selten ebenfalls ein Lächeln beinhalten. Dies wird den **Kreislauf der Positivität** nur umso mehr fördern und es werden noch mehr gute Gefühle durch dich strömen.

Diese Übung funktioniert sogar auf der Straße mit Menschen, die du zuvor vielleicht noch nie gesehen hast. Viele Menschen haben **Probleme, zu lächeln**, und schauen häufig ***verkrampft oder unfreundlich***, obwohl sie es vielleicht gar nicht ausstrahlen wollen.

Daher kann tatsächlich etwas ***Übung*** vonnöten sein, bis du dich daran gewöhnt hast, den Menschen mit einem Lächeln zu begegnen. ***Scham, Angst, fehlendes***

Selbstvertrauen – all das könnte deinem Lächeln im Weg stehen. Doch hast du dich erst einmal daran gewöhnt und hast du die **positiven Reaktionen** wahrgenommen, wirst du dein Lächeln so schnell *nicht mehr ablegen.*

Tipps

Nach den eben beschriebenen Übungen gibt es schließlich auch noch einige **Tipps** für dich, die dich auf dem Weg zu einem positiven Leben mit ***positiven Gedanken*** begleiten können.

Positiv zu denken, das allein könnte schon ein **Tipp** sein. Und dennoch fällt es Menschen, die ohnehin ***oft negativ denken***, manchmal sehr schwer, diese Gewohnheit zu ändern.

Gewohnheiten sind allgemein schwer zu ändern und das ***negative Denken*** ist letztlich auch nur eine Gewohnheit. Niemand kommt schließlich auf die Welt und denkt negativ. Das Denken wird erheblich von unseren **Erfahrungen und Gefühlen**

beeinflusst.

Manchmal ist es selbstverständlich, dass unsere Gedanken **negativ** sind, denn sonst wären wir ***verblendet*** und würden unsere Realität manchmal ***leugnen***. Doch generell haben wir es **selbst in der Hand**, inwiefern und wie wir uns von bestimmten Dingen im Leben beeinflussen lassen wollen.

Wir selbst sind dafür verantwortlich, wie wir ***mit negativen Erfahrungen unseres Lebens umgehen***.

Wollen wir sie für immer wegschließen und für immer negativ an etwas zurückdenken? Oder entschließen wir uns, aus unseren Fehlern zu lernen und aus etwas, das vermeintlich negativ war, etwas Positives zu machen?

Gedanken fließen unglaublich ***schnell*** und es ist unmöglich, alle Gedanken eines Tages zu ***kontrollieren***. Daher genügt es für den Anfang, unsere Gedanken **bewusster wahrzunehmen** und sie zu kontrollieren. Dann fällt uns erst einmal auf,

wann und warum wir vielleicht negativ denken, bevor wir uns hinterfragen und negative Gedanken anzweifeln.

Menschen zweifeln an vielem und sie zweifeln meistens an allem. Sie vergessen nur an einem zu zweifeln, und das sind **die Zweifel selbst**! Wenn du also wieder mal an dir zweifelst, *vergiss nicht an deinen Zweifeln zu zweifeln.*

Positives Denken heißt nicht, immer und in jeder Lage positiv denken zu müssen. Es ist aber das Gebot, ***bewusst und realistisch*** zu denken, eine ***positive Lebenseinstellung*** zu haben und sich ***nicht als Opfer*** und Geisel der eigenen Gedanken darzustellen. Du bist **kein passiver Zuschauer**, der auf die große Kino-Leinwand starrt.

Du bist der Protagonist auf der Leinwand!

Erster Tipp: Sag Nein zu Energiefressern

Menschen, mit denen du dich umgibst,

formen, beeinflussen und verändern dich. Haben sie einen eher negativen Einfluss auf dich, weil ihre Gedanken negativ sind, dann werden sie dir ***sehr viel Energie kosten*** und dir eher im Weg stehen.

In diesem Fall kann ich dir nur raten, dein **Umfeld zu überdenken** und entsprechende Schlüsse zu ziehen.

Umgebe dich stattdessen mit **Menschen**, mit denen du dich eher ***identifizieren*** kannst, die dir eher als ***Idol*** dienen, an denen du etwas Bestimmtes ***bewunderst***. Menschen, von denen du ***lernen*** kannst, mit denen du dich ***wohlfühlst***. Menschen, die dieselbe Sprache sprechen, wie du sie sprichst.

Natürlich wachsen solche Menschen nicht

auf den Bäumen, doch niemand hat gesagt, dass du tausender solcher Menschen brauchst. ***Einen guten Freund*** zu haben ist letzten Endes schon **mehr wert**, als ***tausend falsche*** zu haben.

Insofern ist es sinnvoll, auch bei der Auswahl seiner Freunde darauf zu achten, dass sie eine **lebensbejahende Einstellung** an den Tag legen.

Zweiter Tipp: Der Körper in Bewegung

Früher dachten Mediziner und auch Psychologen, die **Psyche des Menschen und seine Physis** müssten getrennt betrachtet werden. Heute wissen wir mehr denn je, dass beides ***zusammengehört***.

Soll dein Gehirn **positive Gedanken** erzeugen, willst du eine **gesunde Psyche** haben, dann ist es dafür umso wichtiger, dass auch dein **Körper gesund** ist.

Ist dies nämlich erst einmal der Fall, ist der Weg zu positiven Gedanken nicht mehr weit. **Ein gesunder Kopf und ein**

gesunder Körper – beides begünstigt sich im Endeffekt. Verbinde deinen Körper mit deinem Geist, indem du deinen Körper in Schwung hältst, indem du ausreichend viel Sport treibst.

Es muss nicht mal ein *Marathon* sein. In der Praxis kann es schon helfen, täglich *eine Runde joggen* zu gehen oder ab und zu den *Weg ins Schwimmbad* zu finden.

Dritter Tipp: Negative Quellen beseitigen

Wir sind alle auch nur **Geiseln unserer Umgebung** und haben wir selbst noch so gute Laune, sind wir noch so positiv und haben wir uns noch so viel vorgenommen, dann wird es für jeden eigentlich positiven Menschen schwer, etwas zu tun, wenn er **von negativen Quellen umgeben** ist.

Das müssen nicht einmal die **Menschen im Umfeld** sein. Heutzutage gibt es auch eine Reihe anderer Einflüsse, die das eigene Gemüt belasten können.

Die **Nachrichten** im Fernsehen, beispielsweise. Noch immer sind Nachrichten bei TV-Zuschauern sehr beliebt. Im Grunde genommen spricht auch nichts dagegen, *informiert* zu bleiben über das, was auf der Welt so geschieht.

Doch vielleicht ist es oftmals ***sinnvoller***, nur **einmal wöchentlich Nachrichten** zu schauen, oder doch lieber den **Blick in die Zeitung** zu werfen. Der eine oder andere *Fachartikel* in einer Zeitung kann ab und zu auch Abhilfe schaffen.

Erstens sind quasi alle Nachrichten, mit denen wir von den **Medien** konfrontiert werden, heutzutage irgendwie ***negativ***. Tote in diesem Land, Krieg im anderen Land, Entführung dort und Krise hier. Es ist nicht zielführend, sich die Welt *schönzureden*, und doch sollte man ***bewusst entscheiden***, ob diese Konfrontation mit dem Negativen ständig sein muss.

Schließlich geschehen auf der Erde zum Glück auch **genug positive Dinge**, sodass das Leben auf der Erde auch nach wie vor Sinn macht.

Zweitens ist es womöglich auch sinnvoll, den **Inhalt des Gesehenen** und dessen **Relevanz** zu ***hinterfragen***, denn hat jede Krise und jeder Eklat wirklich Auswirkungen auf *dein eigenes Leben*? Es mag vielleicht ignorant wirken und doch stellt sich die Frage, ob jedes negative Ereignis für dich wirklich relevant ist und daher ***deine Gefühlswelt beherrschen*** sollte.

Wahrscheinlich gibt es schon in deiner **unmittelbaren Umgebung** so viel zu wissen und so viele Nachrichten, dass sie dich *beherrschen* und *überfordern* würden. Wie will man selbst all die Millionen Nachrichten ***aus aller Welt*** richtig einschätzen, einsortieren und managen?

Ganz davon abgesehen, dass nicht jedes Medium wirklich das ***wiedergibt, was wirklich geschah***. Nochmals: Zu wissen, was auf dem Planeten geschieht, ist nichts Schlechtes und doch sollte man die **Form und Art der Konfrontation** überdenken. Sonst kann es vor dem zu Bett gehen immerhin helfen, zu *meditieren*, um *abschalten* zu können.

Zwischenfazit

Es lässt sich festhalten, dass **positives Denken** klare ***Vorteile*** für dich bereithält, sobald du deine *aktuelle Situation* erst einmal *akzeptiert* hast.

Denn **Akzeptanz** ist ein wichtiger Baustein, um seine ***aktuelle Situation verändern*** und sie zudem ***positiv sehen*** zu können.

Geschieht dir also etwas **Schlechtes** im Leben, dann solltest du versuchen, das **Positive darin zu sehen** und wenn es doch nicht vorhanden sein sollte, dann ist es durchaus positiv, aus diesen negativen Erlebnissen zu **lernen**.

Manche sagen sogar, dies sei die **Kunst im Leben**: *die positiven Dinge zu genießen und aus den negativen Erfahrungen zu lernen.*

Die **Übungen und Tipps** von oben werden dir unter anderem dabei helfen, deinen ***Fokus positiv zu gestalten***, damit sich das Positive nach und nach in deinem Leben ***manifestieren*** kann.

Dabei ist es nicht erforderlich und auch nicht möglich, seine **Gedanken allesamt zu kontrollieren**, denn erstens sind sie ***zu zahlreich*** vorhanden und zahlreich nehmen wir die meisten von ihnen gar nicht wahr, weil sie ***unbewusst*** ablaufen.

Es sind einzig und allein der **positive Fokus** und die **positive Programmierung**, die dein ***Leben auf lange Sicht bereichern*** werden.

Und auch wenn trotz des positiven Denkens etwas **Negatives** passiert, sollte einen das keinesfalls aus der Ruhe bringen. Trotz des positiven Denkens werden dir auch weiterhin schlimme Dinge widerfahren. Der Unterschied ist nur, dass du dich mit einem positiven Fokus davon ***nicht unterkriegen lässt***, sondern lernst, damit gelassener und positiver umzugehen.

Das bereits beschriebene ***Tagebuch der Dankbarkeit*** kann dir dabei unter anderem ebenfalls weiterhelfen. Führe dir zusätzlich dazu immer wieder vor Augen, was du in deinem Leben ***schon erreicht*** hast und welchen ***Rückschlägen und Niederlagen*** du trotzen konntest. Auch das wird dir **Hoffnung und Zuversicht für die Zukunft** geben.

Die richtige Körpersprache

Bezüglich der richtigen **Körpersprache** im Verhältnis zu **Charisma** habe ich dir ja bereits einige Tipps gegeben. Zudem habe ich dir gesagt, dass Charisma etwas ist, das ***nicht oberflächlich*** ist und aus einer ***intrinsischen Motivation*** heraus erreicht werden sollte.

Es reicht also nicht, eine gesunde Körperhaltung an den Tag zu legen, und plötzlich wirst du *vor Charisma strotzen.* Trotzdem ist Körperhaltung nicht unwichtig und aus diesem Grund sollen dir nun auch einige **Tipps** mit auf den Weg gegeben werden, wenn es um die **richtige und zugleich aussagekräftige Körpersprache** und um die **passende Mimik und Gestik** geht.

Arbeitest du bereits an dir und an deinem ***Selbstbewusstsein***, dann können die **Tipps und Tricks** ergänzend und verstärkend wirken, denn schließlich bedingen sich ***innere und äußere Haltung*** immer auf eine bestimmte Art und Weise.

Hat dein **innerer Wandel** also erst einmal stattgefunden, bist du dabei, an mehr ***Selbstbewusstsein*** und ***Selbstvertrauen*** zu arbeiten, dann nutze diese Tipps, um deinen ***neu gewonnenen Mut*** und dein ***Charisma*** mithilfe der entsprechenden **Körpersprache** angemessen zu repräsentieren.

In jedem Fall solltest du darauf achten, deine Körpersprache **offenzuhalten**. Des Weiteren ist ein **fester Handschlag** wichtig. Er vermittelt *Selbstbewusstsein* und *Selbstvertrauen*. Es wäre schade, wenn du einen ersten Eindruck ungünstig gestaltest, weil du nicht auf einen angemessenen Händedruck achtest. Angemessen heißt übrigens auch, dass der Händedruck ***nicht übertrieben stark*** sein sollte.

Sitze **ruhig**, versprühe **Energie** und habe deine Gesten weitestgehend unter **Kontrolle**.

Deine Haltung ist entspannt, wenn dein

Rücken gerade ist, denn auch das wird *Selbstbewusstsein* und *Wohlfühlen* ausstrahlen.

Pausen in deiner Rede helfen ebenfalls dabei, einen guten Eindruck zu vermitteln. Natürlich sollten die Pausen *natürlich* gesetzt werden und nicht allzu *künstlich* wirken.

Sich leicht **nach vorn zu lehnen**, während jemand mit dir spricht, wird *Interesse* signalisieren, während ein **Weglehnen** das Gegenteil, also *Feindseligkeit* ausstrahlt.

Das **Verschränken der Arme** ist eine beliebte Pose, doch wie du dir schon vorstellen kannst, vermittelt sie nicht gerade Positives. Im Prinzip handelt es sich um eine *Abwehrhaltung*, mit der du symbolisierst, dass du dich von etwas, meistens von der aktuellen Situation *distanzieren* möchtest.

Wenn du die **Arme seitlich hängen** lässt oder sie **in deinen Schoß legst**, wirst du *Offenheit* ausstrahlen, was für ein Gespräch natürlich sehr wichtig ist.

Während eines Gesprächs solltest du der anderen Person **in die Augen schauen**. Ein *Starren* sollte allerdings vermieden werden, es ist also ab und zu nicht verboten, auch vorbeizusehen. Ein **angenehmer Blickkontakt** empfindet man nach wissenschaftlichen Studien bei etwa *drei Sekunden* als angenehm und passend.

Selbstbewusstsein kann ebenfalls transportiert werden, indem du mit der **Stimme** spielst. Du hast die Möglichkeiten, mit verschiedenen Stimmlagen dein Gesagtes zu *unterstreichen* und *hervorzuheben.*

Diese ***Tipps*** werden dir also dabei helfen, dass dir deine **Körpersprache** nicht im Weg steht, wenn du **Charisma** ausstrahlen möchtest.

Hältst du beispielsweise Präsentationen, dann solltest du darauf achten, die **Sicht der Zuschauer** nicht zu versperren. Du möchtest **offen zum Publikum** wirken und daher keine *Barrieren* schaffen. Podeste, Computer, Stühle, Mappen schaffen allesamt *Distanz* zwischen Sprecher und Zuhörer, was einer gesunden Verbindung nicht gerade sehr zuträglich ist.

Weiterhin lassen sich Tipps hinsichtlich der **Nähe** geben, die zwischen dir als **Sprecher** und deinem **Zuhörer bzw. Gesprächspartner** bestehen sollte, zumal dies auch eine Frage der jeweiligen ***Kultur*** ist.

Es lassen sich außerdem verschiedene **Formen von Distanz** einteilen. Die **intime Distanz** beispielsweise die Distanz zu einer Person, die normalerweise etwa ***45 Zentimeter*** beträgt bzw. betragen soll. Solltest du noch keine ***emotionale Nähe*** zu einer anderen Person aufgebaut haben und diese Distanz unterschreitest, dann könnte ein ***unangenehmer Moment*** entstehen.

Dasselbe gilt natürlich auch für dich, sofern dir jemand zu nahekommen sollte. Die **persönliche Distanz** erlaubt da schon mehr Spielraum, nämlich etwa ***45 bis 120 Zentimeter***.

Diese Distanz reicht aus, um sich die ***Hände zu schütteln*** und um zudem ***Gesichtsausdrücke und Gesten*** zu erkennen.

Die "dritte Stufe" der Distanz ist die **soziale Distanz**, die bei ***unpersönlichen oder geschäftlichen Verhältnissen*** eingehalten wird. Sie beträgt ***120 bis 360 Zentimeter***. ***Lautes Sprechen*** und ein ***angenehm empfundener Blickkontakt*** sind hierbei wichtig.

Die vierte und letzte Stufe der Distanz ist die **öffentliche Distanz**. Sie beträgt ***370 bis 450 Zentimeter*** und wird von Menschen gebraucht, die eine öffentliche Distanz einhalten wollen oder müssen. Das können beispielsweise *Lehrer* oder *Personen in Gruppen* sein.

In diesem Zusammenhang spielt die ***non-***

verbale Kommunikation keine unerhebliche Rolle. ***Gesten und Kopfbewegungen*** sind dabei allerdings noch wichtiger, denn *Gesichtsausdrücke* können oftmals nicht einmal wahrgenommen werden.

Möchtest du einen **selbstbewussten Eindruck** machen, dann benutze **Gesten**, während du sprichst. Gute Redner verwenden während ihrer Vorträge und Präsentationen ihre ***Hände***, um Gesten zu erzeugen, da sie der Meinung sind, dies würde mehr ***Vertrauen*** beim Zuhörer erzeugen. Werden diese Gesten dabei ***mit beiden Händen*** ausgeführt und laufen sie dazu noch ***oberhalb der Taille*** ab, werden die Gesten in der Regel ***umso positiver*** aufgenommen.

Charismatische Politiker wie *Bill Clinton, Tony Blair oder Barack Obama* bedienen sich dieser Technik und haben den **Ruf des effektiven Sprechers** inne, weil sie ihren Körper entsprechend einzusetzen wissen.

Bei Präsentationen ist es außerdem sinnvoll, sich **durch den Raum zu bewegen**, also nicht nur *starr* und *bewegungslos* auf einem Fleck zu verharren. Es wird einen ***lebhaften Eindruck*** vermitteln, wenn du dich als Sprecher bewegst, auf Folien zeigst, den Menschen nahe bist und dadurch ***unterhältst***.

Dabei ist es natürlich auch ratsam, einige Dinge zu **vermeiden**. ***Hände in den Hosentaschen***, beispielsweise. Eine allseits beliebte Pose, doch im Prinzip symbolisiert sie *Unsicherheit* und *Verschlossenheit*. Nimm die Hände daher aus den Taschen. Zeigen die ***Hände nach oben***, wird dies *Sympathie* und *Glaubwürdigkeit* herstellen.

Vermieden werden sollten des Weiteren **Gesten**, die für ***Aggression*** stehen könnten. ***Geballte Fäuste*** und ***Körperspannung*** im Allgemeinen, denn dadurch wird es so aussehen, als würdest du dich auf einen *Kampf* vorbereiten. ***Plötzliche Bewegungen***, zu ***langer Augenkontakt*** und ein unnötiges Durchbrechen der oben erwähnten ***Distanzformen*** – all das wird einen unnötig *aggressiven Eindruck* hinterlassen.

Körpersprache ist Ausdruck deines **Selbstbewusstseins**. Das heißt, Menschen werden mit einer *schlechten Körperhaltung* schwaches Selbstbewusstsein assoziieren. Aus diesem Grund ist es so wichtig, dass ***Körpersprache*** und ***dein inneres Gefühl*** zusammenpassen.

Ansonsten läufst du sogar Gefahr, ***langweilig***, ***demotiviert*** oder ***faul*** zu wirken, wenn du beispielsweise nicht gerade sitzt. Ein ***gehobener Kopf, zurückgezogene Schultern*** und ein ***nach vorn Lehnen*** wird hingegen den gegenteiligen Effekt erzeugen können.

Im Kontext mit Körpersprache müssen natürlich auch **kulturelle Normen** berücksichtigt werden, denn nicht in jeder Kultur haben Gesten dieselben Bedeutungen. Daher solltest du unbedingt immer auch etwas über die Kulturen *in Erfahrung bringen,* um mit bestimmten Gesten nicht ***missverständlich zu kommunizieren***.

Es erzeugt also nicht nur **Missverständnisse**, wenn du eine ***andere Sprache***, sondern auch eine ***andere Körperspra-***

che wie bestimmte Menschen sprichst. Gerade ***Distanzen***, ***Blickkontakt*** und ***Gesten*** werden auf der Welt sehr unterschiedlich bewertet.

Besonders, wenn du Menschen noch nicht gut kennst, sollte deine Körpersprache umso **klarer** sein. Besonders **aufmerksam** musst du in *Bewerbungsgesprächen* sein und natürlich auch, wenn du *Dates* wahrnimmst. Besonders der ***erste und der letzte Eindruck***, den du hinterlässt, sollte überzeugen.

Wenn du dir in Bezug auf Gesten **unsicher** bist, kannst du all dies ***vor einem Spiegel üben***.

Nochmals: Ohne die **richtige Einstellung** wird dir Körpersprache wenig nutzen. Auf deinem Weg zu einer ***guten Außendarstellung*** eines ***gesunden Inneren*** ist eine ***angemessene Körpersprache*** aber unerlässlich.

Zwischenfazit

Körpersprache wird von manchen Menschen ***überschätzt***, während sie von anderen ***unterschätzt*** wird.

Die eine Auffassung führt oft dazu, dass Menschen ihren Körper auf eine eher **künstliche Art und Weise** benutzen, um ihre Botschaft zu vermitteln, was auf die Zuhörer einen eher ***unauthentischen Eindruck*** hinterlassen wird. Künstlich und quotenartig Gesten in seine Rede einfließen zu lassen, das sollte man sich also auf jeden Fall zweimal überlegen.

Dennoch gibt es auch wiederum Menschen, die bei Vorträgen lediglich sprechen, aber ihr **Gesagtes nicht unterstreichen**. Dabei müssen es nicht einmal *Gesten* sein. Es kann schon reichen, mit der eigenen *Stimme* zu spielen oder sich etwas *im Raum zu bewegen.*

Daher musst du deine Körpersprache nicht komplett überdenken und alle oben gegebenen Tipps penibel umsetzen und übernehmen. Für den Anfang sollte es ausreichen, die **Rolle und Bedeutung der Körpersprache** wahrzunehmen, um negativ bewertete Gesten und Aktionen in wichtigen Gesprächen zu ***vermeiden***.

Mit etwas **Übung** kann man nach dem ***Vermeiden*** von ***ungünstigen Gesten*** dann irgendwann dazu übergehen, vor dem Spiegel ***natürliche und passende Gesten*** ergänzend zum Vortrag hinzuzufügen und dies dann auch in die Praxis zu übernehmen.

Nach diesen Ausführungen zur Körpersprache hast du nun verschiedene Dinge gelernt, die mit **Charisma** verbunden sind. ***Ausstrahlung, Körpersprache, Gedanken*** und ihre ***Resonanz***, die Rolle des ***positiven Denkens*** oder die ***Relevanz der Beziehung zu und mit sich selbst***.

Zum Ende des Hauptteils erwarten dich nun noch drei besondere **Bonus-Kapitel**. Im ersten Kapitel kannst du durch einen ***Selbsttest*** herausfinden, *wie positiv deine Ausstrahlung bereits ist* und wie viel Luft nach oben folglich noch vorhanden ist.

Im zweiten Kapitel wirst du noch etwas mehr zur ***charismatischen Führung*** in Erfahrung bringen können, indem du erfährst, was *charismatische Führung im Alltag* denn genau auszeichnet.

Mit ***sechs Fragen*** wirst du im dritten Bonus-Kapitel der Frage näherkommen, wie hoch sich dein ***Charisma beziffern*** lässt und wie es Wissenschaftler geschafft haben, *Charisma messbar zu machen.*

Viel Spaß!

Bonus-Kapitel 1: Wie positiv ist meine Ausstrahlung? Der Selbsttest

Durch die bisherigen Ausführungen konntest du feststellen, dass eine **positive Ausstrahlung** im Leben sehr wichtig ist, denn schließlich sind die Begriffe ***Charisma und Ausstrahlung*** sehr eng miteinander verwandt.

Selbstsicheres und überzeugendes Auftreten, positive Körpersprache, positive Eigendarstellung, die Kenntnis darüber, wie die eigenen Schwächen und Stärken aussehen und zudem die Fähigkeit, auf andere zugehen zu können. Das macht **positive Ausstrahlung** in Kürze aus.

Dass es aber ***noch mehr Faktoren*** gibt, beweist dieser **Test**. Kreuze die Aussagen der Liste an, die deiner Meinung nach ***auf dich zutreffen***. *Jedes Kreuz entspricht einem Punkt.*

Anhand der entsprechenden Punktezahl wirst du am Ende herausfinden können, wie es um **deine Ausstrahlung** bestellt ist.

Natürlich ist diese Einschätzung ***sehr subjektiv*** und so ist es auch deine eigene Einschätzung. Nimm diesen Test also *nicht allzu ernst* und sehe ihn als ***Indiz*** und nicht als „***Verurteilung***" an.

Aussagen:

O Auf Bildern von mir hinterlasse ich meistens einen unsicheren Eindruck.

O Ich tendiere zu Verspannungen und verspanne mich teilweise auch selbst, indem ich beispielsweise meine Schultern nach oben ziehe.

O Während ich spreche, gestikuliere ich sehr wenig.

O Ich neige häufiger dazu, meine Arme vor meiner Brust zu verschränken.

O In puncto Haltung habe ich insofern Probleme, als dass ich mich schwer dabei tue, mich und meinen Körper gerade und aufrecht zu halten.

O Ein Lächeln und vor allem Lachen sieht man von mir selten.

O In der Regel bin ich sehr versucht, auf keinen Fall negativ aufzufallen.

O Im Mittelpunkt zu stehen, das liegt mir nicht sehr.

O Habe ich das Gefühl, andere schauen mich an, schauen sie mich auch tatsächlich an, dann bereitet mir das ein sehr ungutes Gefühl und ich werde sehr nervös.

O Betrachte ich mich im Spiegel, so gefällt mir nicht, was ich sehe.

O Muss ich im Restaurant eine Toilette aufsuchen, so ist mir vor allem der Weg dorthin sehr unangenehm.

O Ich mag es nicht, wenn man mich fotografieren möchte.

O Es gibt Körperteile an mir, die ich überhaupt nicht mag.

O Mich selbst zu loben, das fällt mir sehr schwer.

O Wenn ich mit anderen und beispielsweise mit deren Meinung nicht einverstanden bin, so lasse ich mir das schnell anmerken.

O Bin ich mit anderen zusammen, dann bin ich eher introvertiert und halte mich zurück.

O Andere haben oft Schwierigkeiten, mich zu verstehen, weil ich zu schnell, zu undeutlich oder zu leise spreche.

O Ich habe Probleme damit, Kontakt zu Fremden aufzunehmen. Das fällt mir schwer.

O Ich gerate schnell aus der Balance, verliere also recht zügig mein inneres Gleichgewicht und werde dadurch unsicher.

O Wenn ich mit anderen Menschen spreche, so bereitet es mir Probleme, ihnen währenddessen in die Augen zu schauen.

O Befinde ich mich im Gespräch mit anderen, so fällt mir oft nichts ein und es entsteht Stille.

O Habe ich nichts Wichtiges zu sagen, dann sage ich meistens auch nichts.

O Es fällt mir schwer, von meinen Plänen und über meine Träume zu sprechen.

Auswertung:

0-5 Punkte

Du scheinst dich in deinem Körper ***wohlzufühlen*** und das macht sich auch nach außen hin bemerkbar. Du bist deinem Körper gegenüber ***positiv eingestellt*** und äußerst dies auch durch die passende Körpersprache und durch Gesten. Du bist ein Mensch, der sich gegenüber anderen öffnet und auch keine Probleme hat, ***gesehen zu werden*** oder aufzufallen. Deine ***offene Art*** hilft dir auch dabei, Kontakt zu anderen aufzunehmen. Du bist ***im Einklang mit dir selbst*** und daher verfügst du aller Wahrscheinlichkeit nach auch über eine ***positive Ausstrahlung***.

6-12 Punkte

Du bist auf einem guten Weg hin zur positiven Ausstrahlung, doch allgemein besteht auch noch ***Verbesserungsbedarf***. Arbeite an deiner ***nonverbalen Sprache***, an deinem ***Selbstvertrauen***, an deiner ***Selbstakzeptanz*** und womöglich auch an deiner Fähigkeit, zu ***kommunizieren***. Dafür musst du dich nicht verbiegen, sondern lediglich zeigen, welches ***Potenzial*** in dir steckt.

13 Punkte und mehr

Du kannst deine Ausstrahlung ***noch merklich verbessern***! Deine ***negative Einstellung*** zu dir und deinem Körper hindert dich und hält dich zurück. Nimm deinen Körper so an, wie er ist, und ***lerne, dich selbst zu akzeptieren***, denn sonst können dich andere auch nicht akzeptieren!

Schlagwörter zu mehr Ausstrahlung: Körpersprache, Blickkontakt, deutliche Sprache, Small-Talk, Körperhaltung, Lächeln, Lachen, Selbstachtung, Selbstvertrauen

Wichtig: Auch **Ausstrahlung** lässt sich ***aneignen und erlernen***, sie ist nicht von Gott gegeben.

Beispiel: *Bundeskanzlerin Angela Merkel*, welche sich diese Ausstrahlung, unter anderem durch ihre ***„Merkel-Raute“*** (**Körpersprache**!) erarbeitet hat. Die Bundeskanzlerin ist oder war also nicht von Geburt an ***charismatisch***. Viel mehr hat sie ihr Amt auch dazu veranlasst, ja quasi ***gezwungen, Ausstrahlung zu zeigen***.

Als gute Bundeskanzlerin bzw. guter Bundeskanzler ist man dazu gezwungen, **Haltung** zu besitzen, **Stellung** zu beziehen,

mutig zu sein und wichtige **Entscheidungen** zu treffen. Man darf sich nicht von anderen Staatsoberhäuptern **beeinflussen** lassen, man sollte **stabil** sein und vermeintlichen Trends und Skandalen **trotzen**.

Ob die aktuelle Bundeskanzlerin diese Eigenschaften in sich vereint, ist hier nicht der Themengegenstand. All dies soll dir aber verdeutlichen, dass die **Chance auf Ausstrahlung und Charisma** immer besteht und du dich selbst auch dazu „***zwingen***" kannst, indem du dir das richtige ***Umfeld*** suchst.

Du umgibst also beispielsweise mit Personen, welche ***dieselben Überzeugungen und ein ähnliches Gedankengut*** wie du besitzen. Du hältst dich von ***negativen Menschen*** fern und suchst dir eine ***Arbeit***, die dich gut repräsentiert und ausfüllst. Eine gute und passende Arbeit wird es dir in der Regel sehr einfach machen, dein ***Potenzial und Charisma*** zu zeigen.

Bonus-Kapitel 2: Für Chefs und Führungspersonen – das macht charismatische Führung aus!

Du hast nun schon einiges zum Thema Charisma erfahren und unter anderem auch, wie eng heutzutage **Charisma und gute Führung** im Zusammenhang stehen.

Da der Begriff des Charismas gern von ***Psychologen*** gebraucht wird, findet sich die Begrifflichkeit daher wahrscheinlich auch in einem Feld der **Arbeits- und Organisationspsychologie** wieder.

Möchtest du selbst ein guter Chef werden, hast du vor, eine Gruppe zu leiten oder zu führen, möchtest du einfach allgemein wissen, was einen guten Boss nach dem allgemeinen Verständnis von Charisma auszeichnet, um zu sehen, wie sehr dein eigener Vorgesetzter zu dieser Beschreibung passt?

Wie dem auch sei, die folgenden Punkte verraten dir, welche Eigenschaften ein **charismatischer „Leader“** in der Regel in sich vereint.

Selbstbewusstsein und die Ausstrahlung von Selbstbewusstsein

Die meisten Leader sind sich über Folgendes bewusst: Sie wissen, ***was*** sie können, sie wissen, zu welchen Leistungen sie ***bereit sind*** und sind sich daher auch darüber im Klaren, was sie bereits in der ***Vergangenheit leisten*** konnten. Aus diesem Grund sind sie **stolz**.

Dabei handelt es sich aber um **gesunden**, nicht um **falschen Stolz.** So ergibt sich deren **Selbstbewusstsein** und dementsprechend agieren sie auch.

In ihrer **Körpersprache** manifestiert sich dies ebenfalls: aufrechte *Körperhaltung*, zupackender *Händedruck* und ein selbstsicherer *Blickkontakt* zum Gegenüber.

Klare und kraftvolle Sprache

Leader sind ***ergebnis- und leistungsorientiert***. Aus diesem Grund kommen sie früher oder später zum Punkt. Sie drücken sich nicht in *Schachtelsätzen* aus, sie reden *nicht unklar*, im Gegenteil.

Kurze und knackige Sätze mit **klarer Botschaft**, gepaart mit einem Gefühl der **Gemeinschaft**. Statt „*man kann*", sagen sie „*wir können*" oder „*ich werde*". Dabei verzichten sie auch auf relativierende Adverbien wie „*eigentlich*", „*vielleicht*" und „*eventuell*".

Selbstmotivation

Anführer haben **Ziele** und dahinter steckt natürlich **Motivation**, welche mit einer unbändigen **Energie** in Verbindung steht.

Doch auch Leader sind keine Übermenschen und damit können auch sie natürlich mal ***schlechte Tage*** erleben. Der Unterschied ist jedoch, dass sie sich ***selbst motivieren*** können. So können Laune und Ausstrahlung *positiv beeinflusst* werden.

Intrinsische Motivation kommt von innen heraus, sie ist ***unabhängig*** und damit ***echt***, weil man in der Lage ist, sich aus *eigenen Beweggründen* heraus für etwas zu motivieren. Damit bildet die intrinsische Motivation das Gegenstück zur **extrinsischen Motivation**, welche durch ***äußere Einflüsse*** zustande kommt.

Position beziehen und Präsenz zeigen

Einen guten Chef erkennst du im Zweifelsfall daran, dass er das Heft des **Handelns** übernimmt, dass er **Präsenz** zeigt und sich vor **Herausforderungen** nicht versteckt.

Sie ***analysieren*** die Situation, um rechtzeitig ***Position zu beziehen***. Gerade in diesen schwierigen Momenten ist Führung nämlich besonders gefragt und wichtig. Sie geben Mitarbeitern und Kollegen in diesen Augenblicken **Orientierung und Halt**.

So sind sie nicht nur **entschlossen**, auch ihre **Sprache** ist es. Sie reden *klar und pointiert* und benutzen *keine Konjunktiv-*

Phrasen wie *„wir könnten"* oder *„man könnte"*. Eher wird man von ihnen Aussagen hören wie: *„Wir haben zwei Möglichkeiten. Entweder wir (...), oder wir (...)". „Ich plädiere dafür, dass wir (...)"*.

Dabei nehmen sie auch in Kauf, ***Widerstand*** zu erzeugen. Dies geschieht jedoch eher selten, denn meistens ist man eher froh, dass jemand die **Verantwortung** übernommen und eine **Entscheidung** vorangetrieben hat.

Verantwortung

Verantwortung übernehmen Leader auch dann, wenn eine Aufgabe **riskant** ist.

Hingegen könnte man es eher als ***Pseudo-Verantwortung*** bezeichnen, wenn sich Chefs *aufspielen* und den Ton angeben wollen, in den wichtigen und heiklen Momenten aber eher *das Weite suchen* oder klein werden.

Gute Leader werden sich um die Aufgaben kümmern, könnten dafür aber ***Gegenleistungen und Bedingungen*** nennen, welche die Mitarbeiter erfüllen müssen. Denn auch ein Chef ist keine ***One Man Show*** und er kann *nur so gut sein, wie es seine Mitarbeiter* sind.

Fokus

Leader stürzen sich **nicht ohne Plan und Ziel** in die Arbeit. Sie *analysieren* die Situation und bedenken dabei das *Für und Wider* der Situation. Erst dann entscheiden sie sich für eine ***Position***, weshalb ihre Aussagen in der Regel auch *fundiert* und *begründet* sind.

Aus diesem Grund folgt man ihnen gern. Nur in **Notfällen** werden sie ***unvorbereitet*** in Meetings oder in Verhandlungen gehen. Sonst werden sie bereits im Vorfeld recherchiert haben, was auf sie zukommen könnte, welche Möglichkeiten vorhanden sind, welche Pro- und Kontra-Argumente es sind und wie schlussendlich die ***eigene Position*** aussieht.

Führen können und wollen

Gute Leader sind in der Lage, mit anderen zu **kommunizieren**, und sie **führen** und vor allem **wollen** sie es auch. Dazu zählt die Fähigkeit, das *Wesentliche* und die *Kernaussagen* ihrer Mitarbeiter zu verstehen.

Was drückt mein Gegenüber gerade aus? Welche Bedürfnisse stehen hinter seiner oder ihrer Aussage? Welche Signale empfange ich von dieser Person?

Mit **Konzentration** und **Aufmerksamkeit** analysieren sie die Lage. Sie nehmen Stimmungen demnach ***sensibel*** wahr und treffen ihre Aussagen daher dementsprechend auch so, dass sie bei den Mitarbeitern ankommen. **Empathie und Verständnis** sorgt letztlich für ***Vertrauen*** und für die ***Bereitschaft, angeführt zu werden***.

Dafür schaffen sie mitunter auch **Visionen**, um Mitarbeiter zu ***motivieren***. Ein charismatischer Chef könnte dich also durchaus dazu bringen, für einen Moment abzuschweifen und dich von einem konkreten ***Ziel*** träumen zu lassen. Allerdings nur, damit durch neue Motivation Ziele erreicht werden können.

Das Instrument Körpersprache

Vieles wurde ja bereits zum Thema **Körpersprache** geschrieben. Chefs müssen diese nicht übertrieben oft oder intensiv einsetzen, um gute Chefs zu sein, und doch benutzen sie Körpersprache mitunter als ***Instrument des Ausdrucks***.

Denn in wichtigen *Verhandlungen* sind sie sich durchaus darüber im Klaren, dass es vor allem darauf ankommt, ***wie man etwas sagt*** und nicht allzu sehr darauf, *was gesagt wird*. So wählen sie ihre Worte *abhängig von Gesprächspartner und Situation* und ***nutzen Körpersprache gezielt***, beispielsweise um *Zustimmung* oder um *Aufmerksamkeit* zu erzeugen.

Sie könnte jedoch auch dafür genutzt werden, um zu signalisieren, dass es jetzt doch bitte *weitergehen* soll bzw. dass jetzt eine *Entscheidung* gefällt werden muss. Dies könnte man durch ein ***Hochkrempeln der Ärmel*** signalisieren, vielleicht aber auch durch ein ***Reiben der Hände***.

Punktlandung

Diskussionen verlaufen häufig im Sand oder ***enden im Nichts***, weil es im Endeffekt gar nicht mehr um das eigentliche Thema geht, weil man *vom Thema abkam*, weil eventuell *Streit* aufgekommen ist.

Da Leader etwas bewegen und ein **Ziel klar erreichen** wollen, werden sie dies irgendwann *unterbinden*. Sie werden nämlich *unruhig* und *unzufrieden*, wenn ein Gespräch im Sand verläuft. Irgendwann werden sie die ***Diskussion unterbrechen*** und zum wesentlichen Punkt der Debatte kommen.

"Das wurde bisher gesagt, daraus ergeben sich die folgenden Optionen. Wenn wir uns für diese Option entscheiden, hat dies folgende Vorteile. Ich schlage vor, wir nehmen

diese Möglichkeit wahr."

Sie arbeiten **zielorientiert** und **entschlossen**, daher wollen sie ***Punktlandungen*** erreichen.

Omnipräsenz durch Position

Da Chefs ***wissen, was sie wollen***, wissen sie gleichzeitig auch, ***was sie nicht wollen***.

Das wird den Mitarbeitern nicht entgangen sein und daher werden sie die ***mögliche Reaktion und Meinung ihres Vorgesetzten*** immer ***unterbewusst*** mitberücksichtigen und miteinbeziehen.

Geht etwas "*gegen ihren Strich*", dann haben sie in der Regel auch gute und begründete **Argumente**, um ihre Meinung klarzumachen. Sind sie zudem noch gut vorbereitet, ist es schwer, sie vom Gegenteil zu überzeugen.

In **Entscheidungssituationen** denken Mitarbeiter daher manchmal schon daran, was der Vorgesetzte wohl dazu *sagen oder* *meinen könnte.* Sie beziehen ihren Chef in ihre Entscheidungen also schon mit ein.

Dadurch werden charismatische Leader zu **Alpha-Persönlichkeiten** und genießen im Unternehmen ein ***starkes Standing***, selbst wenn sie gerade ***nicht einmal anwesend*** sind. Sie sind es dennoch und wenn nicht physisch, dann auf jeden Fall in den ***Hinterköpfen***.

Zwischenfazit

Du siehst also, dass es womöglich gar nicht so schwer ist, ein guter Chef zu sein. Es ist auch noch ***kein guter Chef vom Himmel gefallen*** und natürlich benötigen Vorgesetzte auch **Erfahrungen**, um besser zu werden und um aus **Fehlern** zu lernen.

Häufig profitieren sie also auch von ihrem **Erfahrungsschatz**. Ist dieser noch nicht vorhanden, wird natürlich auch ein Chef **Fehler** begehen. Doch entscheidend wird sein, ***wie er mit diesen Fehlern umgeht***.

Ansonsten zeichnet sich ein **charismati-**

scher Chef vor allem durch ***Verantwortungsbewusstsein, Führungsstärke, Verständnis, Entschlossenheit, Kompetenz, Präsenz und Motivation*** aus.

Letzten Endes sind sie aber auch **nur Menschen**. „*Nur*", weil sie jedoch **charismatisch** sind, sind sie natürlich keine besseren Menschen oder ***Superhelden***. Aus diesem Grund kann jeder mit etwas Übung zu einem charismatischen Chef werden, sofern man für sich selbst etwas Charisma besitzt, vor allem also ***Selbstbewusstsein und Selbstvertrauen*** hat.

Spielt man sich hingegen nur auf und führt ein **Schauspiel des bestimmenden Bosses** vor, dann werden dies die Mitarbeiter sofort merken und aus einem ***Pseudo-Chef*** wird ein ***unbeliebter Chef***, der *nicht respektiert und missachtet* wird.

Hast du eine **Führungsaufgabe** inne und fühlst du dich damit ***überfordert***, dann versuche keinesfalls jemand zu sein, der du nicht bist und beginne mit kleinen Schritten.

Seine **Mitarbeiter verstehen** zu können und auf sie **einzugehen**, das kann bereits der erste Schritt sein, um bei den Mitarbeitern ***Pluspunkte*** zu sammeln und um das Unternehmen ***erfolgreicher*** zu gestalten, denn Mitarbeiter und deren Leistungen sind schließlich das **Kapital eines Unternehmens**.

Bonus-Kapitel 3: Mit 6 Fragen zur Klarheit: Wie charismatisch bin ich?

Einem charismatischen Menschen ist es vermutlich egal, wie charismatisch er ist, denn er ist ja ***nicht des Charismas wegen charismatisch***. Er ist es, weil er **mit sich selbst und seiner Umwelt im Reinen** ist und sein **vorhandenes Potenzial** bestmöglich ausschöpft.

Dennoch kann es natürlich neugierig machen, ***wie charismatisch man selbst ist*** und wie sich dafür denn überhaupt ein gewisses **Maß** finden lässt. Dass dies durchaus möglich ist, hat ein Forschungsteam der *University of Toronto* erforscht.

Es wurde von einem gewissen ***Konstantin Tskhay*** angeführt, der nun als Berater bei Deloitte tätig ist. Er forschte der Frage nach, warum Menschen in der Regel kein

quantitatives Maß für Charisma finden konnten.

Studien von Wissenschaftlern haben dies nun allerdings möglich gemacht. Die besagte Studie erschien im renommierten *"Journal of Personality and Social Psychology"*. **Ehrliche Antworten auf sechs Aussagen** sollen dir demnach verraten, ***wie charismatisch du bist***. Dein Verhalten sollst du hierbei auf einer **Skala von 1 (gering) bis 5 (viel)** bewerten.

Aussage: Ich bin jemand, der ...

Auswahlmöglichkeiten:

...eine gewisse Präsenz dort ausfüllt und besitzt, wo er gerade ist. (Skala von 1 bis 5: ...)

...die Fähigkeit hat, Menschen zu beeinflussen. (Skala von 1 bis 5: ...)

...weiß, wie man eine Gruppe anführen kann. (Skala von 1 bis 5: ...)

...es schafft, dass sich Menschen wohlfühlen. (Skala von 1 bis 5: ...)

...andere Menschen häufig anlächelt. (Skala von 1 bis 5: ...)

...sich generell mit anderen gut versteht. (Skala von 1 bis 5: ...)

Auswertung:
Addiert nun die Skala-Bewertungen der besagten sechs Aussagen. *Teilt* die gesamte Punktezahl *durch sechs*. So erhaltet ihr die **durchschnittliche Charisma-Punktezahl**. Ist diese ***höher als 3,7***, seid ihr laut den Ergebnissen des Forscherteams ***charismatischer als eine Durchschnittsperson.***

Die Aussagen wurden mithilfe von Studien angefertigt, die von Forschern begleitet wurde. Dabei nahmen ungefähr *1.100 Teilnehmer* an dieser Studie teil.

Forschungsergebnisse:
Die Forscher haben dabei ebenfalls herausgefunden und definiert, ***welche Fak-***

toren für das Charisma entscheidend seien. Nach deren Meinung sind dies vor allem zwei Faktoren. **Einfluss** einerseits und **Freundlichkeit** andererseits.

Einfluss kann hier mit ***Führungsfähigkeit*** und der ***Fähigkeit zur Präsenz*** übersetzt werden, während **Freundlichkeit** mit ***Sympathie*** und ***Zugänglichkeit*** assoziiert wird.

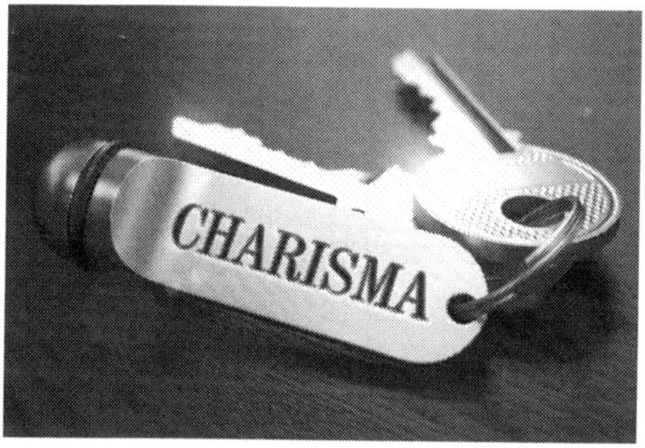

Beeindruckend war es für die Forscher in diesem Zusammenhang, dass sie ***persönliche Bewertung*** hinsichtlich des eigenen Einflusses auf andere und auch die Einschätzung zur eigenen Freundlichkeit mit der ***Wahrnehmung der anderen Menschen*** **übereinstimmte**, obwohl man vermuten hätte können, dass sich **Selbst- und Fremdwahrnehmung** voneinander unterscheiden.

Bei ***Einschätzungen von Persönlichkeit und Verhalten*** kommt es hierbei häufiger zu **Diskrepanzen**.

Die Forscher fanden ebenfalls heraus, dass das **Charisma** erhebliche ***Auswirkungen und Effekte auf soziale Beziehungen*** haben kann.

Allzu ernst solltest du die Ergebnisse dieses Tests nicht nehmen, denn zum einen handelt es sich nur um einen **vagen Anhaltspunkt** über dein ***charismatisches Vermögen*** und zum anderen lässt sich dein **Charisma verändern**, denn sonst würdest du diese Lektüre nicht lesen.

Mit etwas mehr **Bewusstsein und Übung** ist es also möglich, deine ***Ausstrahlung*** erheblich zu ***verbessern***.

Fazit / Persönliche Empfehlung

Das soll es soweit von meiner Seite gewesen sein. Ich hoffe, ich konnte dir mit dieser Lektüre einen **nützlichen Dienst** erweisen. Diese Lektüre kann und sollte dich **informiert** und **aufgeklärt** haben.

Sie soll dir verständlich gemacht haben, was man sich unter den Begriffen **Charisma und Ausstrahlung** unter anderem alles verstehen kann.

Wie du gemerkt hast, handelt es sich um zwei Begriffe, die viele weitere Begriffe miteinbeziehen. Charisma und Ausstrahlung sind so beispielsweise eng mit **Selbstvertrauen, Bewusstsein und Akzeptanz** verwandt.

Neben dieser *informierenden Funktion* könnte dich diese Lektüre **unterhalten**, bestenfalls sogar **inspiriert** haben. Ich verlange nicht, dass sie dein Leben verändert hat, zumal es lediglich einen ***Funken*** benötigt, um ein ***Feuer in dir zu entfachen***.

Letzten Endes sind es trotzdem **deine Gedanken**, die dich dazu veranlassen, ***dein Leben zu ändern***. Im Endeffekt bist du nur einen Gedanken davon entfernt, dein Leben zu verändern.

Man muss an sich selbst nicht den Anspruch haben, eine ***unfassbar charismatische Persönlichkeit*** zu sein oder sein zu müssen. Wie ich dir zu erklären versucht habe, würde dieses Unterfangen ohnehin nicht richtig funktionieren, weil man sich Charisma ***nicht mal eben so*** und über Nacht aneignen kann.

Es ist nichts, was sich *auswendig lernen* lässt und sobald man es als eine Art **Schauspiel und Verwandlung** betrachtet, wird Charisma sofort ***unauthentisch*** und du wirst allenfalls zu jemandem, der andere Menschen ***manipuliert*** und ***negatives Charisma*** besitzen wird.

Was ich persönlich äußerst schade finde, ist der Fall, wenn sich ***Menschen mit viel***

Potenzial verstecken, weil sie verschiedene **Ängste** hegen, die eigentlich gar nicht zutreffend sind. Sie ***vergeuden Potenzial*** und verbergen ihre Fähigkeiten, weil sie **Angst vor dem Scheitern** haben, weil sie nicht anecken wollen, weil sie aus irgendeinem Grund ihre ***eigene Autorität untergraben***.

Dabei hat jeder Mensch **ungeahnte Fähigkeiten** und kann mit der richtigen Einstellung ***nahezu alles erreichen***. Gerade diesen Menschen würde ich empfehlen, sich intensiv mit dem **eigenen Selbst** auseinanderzusetzen.

In diesem Fall sollte man also bei *„Adam und Eva"* beginnen und sich fragen, wie die **schlechte Meinung über einen selbst** zustande kommt. Schnell wird man dann merken, dass die negativen Gefühle gar ***nicht berechtigt*** sind. Mit verschiedenen ***Übungen und Denkvorgängen*** lässt sich das eigene Selbstbild dann realistischer sehen.

Wie ich dir erklärt habe, kann ein **negativ verzerrtes Bild** durch eine schlechte Beziehung zu den ***engen Bindungspersonen*** entstehen. Aber auch sonstige ***ungünstige Erfahrungen im Leben***, wie Trennungen oder Mobbing, können dazu führen, dass wir uns zu einem verzerrten Bild von uns selbst hinreißen lassen, da wir es nicht geschafft haben, eine **Distanz** zwischen dem Selbstbild und den äußeren Einflüssen aufrechtzuerhalten.

Der erste und wichtigste Schritt zum **Charisma** ist also die ***Akzeptanz des eigenen Selbst***. Ist diese Akzeptanz erst einmal erreicht, kommt das Charisma *mit etwas Übung* praktisch automatisch.

Der **Weg zum Charisma** ist zugleich der **Weg zu mehr Ausstrahlung** und diese Wege sind zwangsläufig immer ***Wege, die zu sich selbst führen***. Die **Übungen und Tipps** in dieser Ausgabe haben dir bei diesem Weg (Marathon statt Sprint) hoffentlich etwas weitergeholfen.

Die **Bonus-Kapitel** konnten dir vielleicht ***Indizien und Signale*** liefern, wie es mit deinem Charisma bzw. mit deiner Ausstrahlung bestellt ist.

Du hast gelernt, wie wichtig die **nonverbale Kommunikation** in unserem Alltag ist und welche große Rolle sie in der **Kommunikation** vor allem dann spielt, wenn Menschen ***überzeugt oder begeistert*** werden sollen.

In diesem Zuge hast du nun vielleicht das Wissen erlangt, um ein **(noch) besserer Chef** zu sein bzw. zu werden, denn auch dies ist ein ***Entwicklungsprozess*** **des** ***Lernens und Scheiterns***. Es gibt viele Elemente, die einen guten Chef auszeichnen. Einen ***perfekten Chef*** gibt es dennoch nicht und kein Mitarbeiter würde sich so einen Chef auch wünschen.

In der Regel kann es schon weiterhelfen, sich einiges zu beherzigen, was in dieser Lektüre in diesem Kontext zu **charismati-**

scher Führung geschrieben wurde. Es kann eine ***Inspiration*** für uns alle sein, denn wir alle tragen ***Verantwortung*** und scheuen wir uns davor, dann sollten wir dies ändern.

Verantwortung müssen wir alle irgendwann übernehmen und wenn wir es nicht tun, dann wird sich der Mangel an Verantwortung ***böse auszahlen***. Die Verantwortung hat es so an sich, dass die Dinge ungemein schlimmer und gravierender werden, sofern sich keiner um sie kümmert. Keiner von uns kann sich daher ***von Verantwortung freisprechen***.

Besonders am Herzen liegt mir das vorgestellte **Gesetz der Resonanz**, denn daran können wir alle schließlich arbeiten. Schlechte Gedanken existieren in allen von uns und sie werden auch weiterhin existieren. Zu verstehen, dass wir ***mit negativen Gedanken*** meistens aber auch ***negative Dinge anlocken***, war eine epochale **Erkenntnis** für mein eigenes Leben.

Ich erkannte, dass ich mit meinem Denken und meiner Haltung **Verantwortung**

für mein Leben übernehme. Ich realisierte, dass ich oftmals nicht negativ reagierte, nachdem im Leben etwas Schlimmes passiert war. Ich dachte bereits negativ und besaß eine ***ungünstige Einstellung***, was dafür sorgte, dass sich mein ***Leben negativ gestaltete***.

Wir alle sollten diese **Wahrnehmung** und unser **Bewusstsein für Ursache und Wirkung** in diesem Fall überdenken.

Was auch immer es also sein mag, was du aus diesen Zeilen und Worten entnommen hast – auf deinem **Weg zur Selbstverwirklichung** wünsche ich dir das Allerbeste.

Erfolg, ***Gesundheit*** und das Quäntchen ***Glück*** und vor allem die Fähigkeit, das ***eigene Potenzial zu erkennen***, es zu verfeinern, es zu nutzen und in unnachahmlicher Manier davon zu profitieren. Das ist es, was für mich das Leben unter anderem und vor allem **lebenswert** macht.

Das ist also das Fazit dieser kleinen ***Reise in die Welt von Charisma, Ausstrahlung, Aktivität, Selbstfindung, Selbst-***

werdung, Selbstakzeptanz, Selbstbewusstsein, Selbstvertrauen, Aura und Einzigartigkeit.

Ich würde dir in jedem Fall empfehlen, die gegebenen **Tipps ernst zu nehmen**, sofern sie für deine jetzige Situation denn eine Rolle spielen. Seine Gedanken über sich selbst **schriftlich zu fixieren**, ist meiner Meinung nach immer eine sehr ***wertvolle Methode***.

Etwas schriftlich festzuhalten, kann einerseits dafür sorgen, dass wir uns etwas überhaupt ***bewusstwerden*** und gleichzeitig kann es dafür sorgen, dass wir Dinge ***verarbeiten*** können, nachdem wir sie uns „von der Seele geschrieben" haben.

Du kannst also **schriftlich fixieren**, wovon du im Leben träumst und was deine eigenen ***Ziele*** sind. Du kannst fixieren, was du in deinem Leben ***bisher erreicht*** hast und welche ***Fähigkeiten*** du einsetzen musstest, um dieses Ziel zu erreichen. Du kannst notieren, was deiner Meinung nach, ***deine Schwächen*** sind.

Frage andere Menschen, wie sie deine **Stärken und Schwächen** bewerten. Frage dich, welche **inneren Glaubenssätze** aufgrund der Erfahrungen in deiner *Kindheit* in dir bestehen. Auf diese Weise wird dir einiges bewusstwerden.

Hältst du dein Selbstwertgefühl für stabil, wird es bei dir eher darum gehen, dein **vorhandenes Charisma nach außen auszustrahlen**. Dann fehlt es dir womöglich an ***Körpersprache*** und an einigen einfachen Tricks, die hier bereits Erwähnung fanden. Auch dann könnte das ***Bewusstsein für deine Stärken und Schwächen*** dazu führen, dass du dir auch über dein Potenzial bewusstwirst und dieses schließlich loswerden kannst.

Auch wenn du nicht an Charisma interessiert sein solltest, wird es dir auf jeden Fall helfen, mit **positiven Gedanken** durch das Leben zu gehen. Denn wie ich dir geschildert habe, ***beeinflussen*** Gedanken schließlich ***unser Leben*** auf eine prägende Art und Weise.

Damit dürfte klar sein, dass **deine Ge-**

danken nach dem ***Gesetz der Resonanz*** auf dich zurückkommen werden und **deine Ausstrahlung** nach außen, dein **Charisma** in sehr hohem Maße beeinflussen werden.

Think positive!

Literaturverzeichnis

Charisma - Mit Strategie und Persönlichkeit zum Erfolg: Der Charisma-Code. Eva B. Müller, 2012.

Wie man Freunde gewinnt: die Kunst, beliebt und einflussreich zu werden. Dale Carnegie, 2003.

Einfach mehr Charisma: Was uns wirklich beeindruckt. Wie Sie auf andere wirken. Claudia E. Enkelmann, 2015.

Charisma: Mehr Erfolg durch persönliche Ausstrahlung. Wolf W. Lasko, 1994.

Persönlichkeitsentwicklung für mehr Ausstrahlung: Fit ins neue Leben. John Fiedler, 2018.

Sofort Mehr Charisma: Eine Simple Formel Für eine Charismatische und Positive Ausstrahlung. S.F., 2019.

Die Macht der Körpersprache: Tipps für die effiziente Nutzung und Analyse von Körpersprache. Rosanna Gangemi, 2019.

Charismatische Führung. Roland Mersch, 2014.

Charismatische Führung. Markus Hauser, 2000.

Haftungsausschluss

Die Benutzung dieses Buches und die Umsetzung der darin enthaltenen Informationen erfolgt ausdrücklich auf eigenes Risiko. Haftungsansprüche gegen den Autor für Schäden materieller oder ideeller Art, die durch die Nutzung oder Nichtnutzung der Informationen bzw. durch die Nutzung fehlerhafter und/oder unvollständiger Informationen verursacht wurden, sind grundsätzlich ausgeschlossen. Rechts- und Schadensersatzansprüche sind daher ausgeschlossen. Das Werk inklusive aller Inhalte wurde unter größter Sorgfalt erarbeitet. Der Autor übernimmt jedoch keine Gewähr für die Aktualität, Korrektheit, Vollständigkeit und Qualität der bereitgestellten Informationen. Druckfehler und Falschinformationen können nicht vollständig ausgeschlossen werden. Der Autor übernimmt keine Haftung für die Aktualität, Richtigkeit und Vollständigkeit des Inhaltes dieses Ratgebers, ebenso nicht für Druckfehler. Es kann keine juristische Verantwortung sowie Haftung in irgendeiner Form für fehlerhafte Angaben und daraus entstandenen Folgen vom Autor übernommen werden. Sämtliche Inhalte dieses Buches sind urheberrechtlich geschützt und dürfen ohne eine ausdrückliche schriftliche Genehmigung des Autors in keiner Art und Weise (elektronisch, in Bild- Ton- oder Sprachform) weiterverwendet, vervielfältigt, kopiert oder in jeglicher Form gespeichert werden.

Urheberrecht

Impressum

© Autor: Patrick Sommer
Kontakt: c/o AutorenServices.de, Birkenallee 24, 36037 Fulda.

Coverfoto & Grafiken: depositphotos.com | istock-photo.com | shutterstock.com | fotolia.com
Covererstellung: Mind Media Design.

47111047R00123

Printed in Poland
by Amazon Fulfillment
Poland Sp. z o.o., Wrocław